广东省教育厅项目"阳光财产保险股份有限公司广东省分公司实践教育协同培育基
广东金融学院2014年度实验教学综合性（设计性）实验项目（项目编号：SY2014A

U0685576

二十一世纪高等院校保险系列规划教材

ERSHIYI SHIJI GAODENG YUANXIAO BAOXIAN XILIE GUIHUA JIAOCAI

保险营销
实训教程

BAOXIAN YINGXIAO
SHIXUN JIAOCHENG

主　编 ◎ 方有恒　粟　榆

副主编 ◎ 王媛媛　廖　敏

参　编 ◎ 郭金发　刘家生

西南财经大学出版社
Southwestern University of Finance & Economics Press

图书在版编目(CIP)数据

保险营销实训教程/方有恒主编.—成都:西南财经大学出版社,2015.7
(2020.8 重印)
ISBN 978-7-5504-1966-7

Ⅰ.①保… Ⅱ.①方… Ⅲ.①保险业—市场营销学—高等学校—教材
Ⅳ.①F840.4

中国版本图书馆 CIP 数据核字(2015)第 127165 号

保险营销实训教程

主　　编:方有恒　粟　榆
副主编:王媛媛　廖　敏
参　　编:郭金发　刘家生

责任编辑:李特军
助理编辑:李晓嵩
封面设计:何东琳设计工作室
责任印制:朱曼丽

出版发行	西南财经大学出版社(四川省成都市光华村街 55 号)
网　　址	http://www.bookcj.com
电子邮件	bookcj@foxmail.com
邮政编码	610074
电　　话	028-87353785
照　　排	四川胜翔数码印务设计有限公司
印　　刷	四川五洲彩印有限责任公司
成品尺寸	185mm×260mm
印　　张	14.75
字　　数	340 千字
版　　次	2015 年 7 月第 1 版
印　　次	2020 年 8 月第 2 次印刷
印　　数	2001—3000 册
书　　号	ISBN 978-7-5504-1966-7
定　　价	29.80 元

前　言

《国务院关于加快发展现代保险服务业的若干意见》（国发〔2014〕29 号）指出：加快发展现代保险服务业，对完善现代金融体系、带动扩大社会就业、促进经济提质增效升级、创新社会治理方式、保障社会稳定运行、提升社会安全感、提高人民群众生活质量具有重要意义。

保险业要发展，保险教育要先行。保险业在经济社会中的重要性得到高度认可，保险业的发展迎来良好的环境条件。保险业需要大量精通理论和实务的从业人员，保险业的发展需要保险教育奠定良好的基础。许多专家学者为保险教育的发展付出了大量的心血，取得了丰硕的成果。本书策划和编写人员也愿意为保险教育事业贡献绵薄之力，多次商讨本书的编写事宜，几经波折，终于成书。

全书按照保险营销人员在日常工作中可能接触到的主要专业知识与业务技能设置 10 章共 21 个实训项目，如职业礼仪与道德、市场调查、目标市场选择与营销策划、产品开发与定价、分销与促销、写作、客户管理与服务、会议经营、团队建设与管理、扩展知识等。与现有同类型教材相比，本书有以下特点：

（1）内容全面。本书囊括保险营销人员日常所接触的主要工作内容。

（2）基础技能与专业技能并重。本书在系统模拟销售专业技能训练的同时，注重基础技能的训练，如职业操守、核保理赔、营销调研与策划、产品开发与定价等。

（3）实验环境的通用性。本书各项实验（实训）项目均不依赖特定的实验软件和条件，实验所指定的环境条件均能较好地得到满足，保障了实验项目的通用性。

（4）可操作性强。本书中近一半的项目经过多年的实际运用，不断加以完善，可操作性强。

（5）实验难度弹性大。本书实验设计主要提示实验思路，并提供少量课外实验环节，在操作时可综合考虑学生素质、实验条件等更改实验参数，增减实验难度。

从本书的内容和特点来看，本书适用于：普通应用型高等院校保险、金融和营销等专业学生；职业院校保险、金融和营销等专业大中专学生；保险机构接受新人培训或继续教育的营销人员、营销后援等。

本书是全体编者共同努力的结果，其中粟榆博士负责全书的策划工作，共同拟定本书写作大纲，并编写实验 1、2；方有恒副教授共同拟定本书写作大纲，并编写实验 3、4、5、7、8、9、10、11、12、15；王媛媛副教授编写实验 16、17、18、21；廖敏老师编写实验 6、19、20；郭金发老师编写实验 13、14；刘家生老师编写实验 1、2、3、4 的基础知识部分。

　　本书的出版要感谢很多人，分别是：西南财经大学出版社李特军主任和李晓嵩编辑、广东金融学院保险系主任罗向明教授、中国人寿茆文娟女士（还有她的好友"如风岁月"）、平安财险杨冠兰女士、太平洋人寿连芬兰女士、中英人寿许珊勉女士、众诚财险江明杰先生、新华人寿陈少武先生、利宝互助袁瑞斌女士等。

　　由于编者水平有限，本书谬误之处难免，请各位读者指正。

编者

2015 年 5 月于广州

目 录

第1章　保险营销员职业礼仪与道德

实验 1　保险营销员职业礼仪

第一部分　保险营销员职业礼仪基础知识

一、保险营销员职业礼仪的定义

保险营销员职业礼仪是在保险营销职业活动过程中，以一定的、约定俗成的程序、方式来表现的律己、敬人的过程，包括着装礼仪、仪态礼仪、社交礼仪、电话礼仪、谈话礼仪、其他礼仪等内容（见图 1.1）。良好的职业礼仪反映一个人良好的内在修养、素质及专业的职业形象，有利于给客户留下良好的第一印象，易于获取客户的好感和信任，有助于与客户建立良好的、融洽的、和谐的人际关系，为后续的保险营销活动创造良好情景。与客户良好的人际关系是保险营销取得成功的重要基础。正所谓"礼多人不怪"，注重礼仪，将会为事业和生活上的成功起积极的作用。

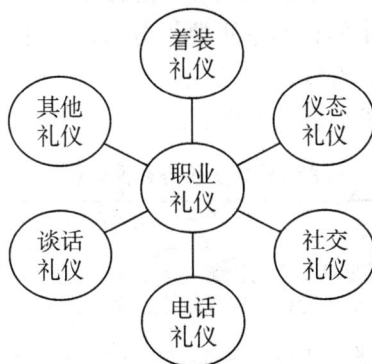

图 1.1　保险营销员职业礼仪分类

二、保险营销员职业礼仪的具体要求

（一）着装礼仪

成功的推销始于成功地推销自己，着装是营销人员送给客户的第一张名片。营销人员留给客户的第一印象往往就在见面的前几秒钟形成，而要改变第一印象却需付出长时间的努力。因为在心理学上有一种"光圈效应"，指的是人们常常根据总体印象就进行推论的心理趋势。当营销人员穿着得体、修饰恰当、举止合宜、看起来很职业，客户无意识中便会认定营销人员是在为一家优秀的公司工作,销售的是非凡的产品或服务,并且这种"光圈"会扩展到营销人员销售的产品或服务上;反之则相反。要改变这种先入为主的"成见"则需要加倍的努力。因此,保险营销人员必须要养成注重着装礼仪的行为习惯,努力给客户留下一个良好的印象,建立正向的、积极的"光圈效应",为成功营销创造条件。良好的着装包括但不限于以下内容:

(1)衣着式样和颜色保持大方、稳重。

(2)男性保险营销人员应穿西装或轻便西装,西装必须剪裁合身,颜色传统。

(3)西装、衬衫、领带这三样中必须有两样是素色的,袜子的颜色必须比裤子更深,全身三种颜色以内。

(4)领带的长度必须触及皮带扣。

(5)两手伸直时,衬衫的袖子应该比西装袖长1厘米左右。

(6)女性保险营销人员的衣着应当得体大方,令人赏心悦目。

(7)在服饰的佩戴上,可以佩戴某一种代表公司的标记,不要佩戴那些代表个人身份或宗教信仰的标记。

(8)不能戴太阳镜或变色镜。

(9)保持自身的整洁,讲究卫生。

(10)随手携带一个公文包,内装一支比较高级的钢笔、一本比较精致的笔记本,以及公司的保险条款、计算器、口气清新剂等,物品要存放整齐、有条理。

(二)仪态礼仪

良好的举止对留下良好的印象也是至关重要的,客户是通过观察保险推销员的举止神态、面部表情等来观察其内心思想的。保险推销员一定要避免表现出有损自己形象的行为举止,与客户交往中的行为举止要大方得体,才能体现营销人员良好的个人修养,从而赢得客户的信任和喜爱。

保险营销员仪态礼仪要求如表1.1所示:

表1.1　　　　　　　　　　　　保险营销员仪态礼仪要求

项目	说明
微笑	●真正甜美而非职业化的微笑是发自内心的、自然大方的、真实亲切的,微笑应贯穿礼仪行为的整个过程。注意微笑时眼睛要与对方保持正视。
目光	●目光应是坦然、亲切、和蔼、有神的。在与客户谈话时,大部分时间应看着对方。正确的目光是自然地注视对方眉骨与鼻梁三角区,不能左顾右盼,也不能紧盯着对方;道别或握手时,应该用目光注视着对方的眼睛。
站姿	●抬头、目视前方、挺胸直腰、肩平、双臂自然下垂、收腹、双腿并拢直立、脚尖分呈"V"字形,身体重心放到两脚中间,也可两脚分开,比肩略窄,双手交叉,放在体前或体后。 ●男士:两脚分开,比肩略窄,双手合起放在背后。 ●女士:双脚并拢,脚尖分呈"V"字形,双手合起放于腹前。

项目	说明
坐姿	●男士：入座时要轻，至少要坐满椅子的2/3，后背轻靠椅背，双膝自然并拢（也可略分开）。身体可稍向前倾，表示尊重和谦虚。 ●女士：入座前应用手背扶裙（如果是着裙装），坐下后将裙角收拢，两腿并拢，双脚同时向左或向右放，两手叠放于腿上。如长时间端坐可将两腿交叉叠放，但要注意上面的腿向回收，脚尖向下。
蹲姿	●男士：曲膝下蹲，自然稳重即可。 ●女士：并膝下腰。一脚在前，一脚在后，前脚全着地，小腿基本垂直于地面，后脚脚跟提起，脚掌着地，臀部向下。
手势	●手势的幅度和频率不要过大和过高，要特别注意手势的规范和手势的含义。在示意方向或人物时，应用手掌，切不可用手指；在示意他人过来时，应用手掌，且掌心向下，切不可掌心向上。

（三）社交礼仪

社交礼仪是指在人际交往、社会交往和国际交往活动中，用于表示尊重、亲善和友好的首选行为规范和惯用形式。社交礼仪的直接目的是表示对他人的尊重。尊重是社交礼仪的本质。人都有被尊重的高级精神需要，当在社会交往活动过程中，按照社交礼仪的要求去做，就会使人满足获得尊重的需要，从而获得愉悦，由此达到人与人之间关系的和谐。

保险营销员社交礼仪要求如表 1.2 所示：

表 1.2　　　　　保险营销员社交礼仪要求

项目	说明
握手	●握手应坚定有力，但不宜太用力且时间不宜过长，一般3~5秒为宜。 ●如果手脏或者有水、汗，不宜与人握手时，应主动向对方说明不握手的原因。 ●不要戴手套握手。 ●不要在嚼着口香糖的情况下与别人握手。 ●握手的姿势强调"五到"，即身到、笑到、手到、眼到、问候到。 ●握手时双方的上身应微微向前倾斜，面带微笑，眼睛平视对方的眼睛，同时寒暄问候。 ●握手时，伸手的顺序强调"四先"，即贵宾先、长者先、主人先、女士先。
交换名片	●保持名片或名片夹清洁、平整，名片可放在上衣口袋里。 ●递送名片时，应将名片置于手掌中，用拇指压住名片边缘，其余四指托住名片反面，名片的文字要正对对方，然后身体前倾，用双手递过去，以示尊重对方，同时讲一些"请多多关照"之类的客气话。要注意在递名片时目光正视对方，切忌漫不经心。 ●接受对方名片时，应恭恭敬敬，双手捧接，并道感谢。接受后应仔细观看上面的内容，并称呼对方的职务以示对赠名片者的尊重；切忌马马虎虎地瞟一眼，便顺手塞进衣袋里。 ●接下来与对方谈话时，不要将名片收起来，应该放在桌子上，并保证不被其他东西压起来，这会使对方感觉到很受重视。 ●参加会议时，应该在会前或会后交换名片，不能在会中擅自与别人交换名片。

表1.2(续)

项目	说明
座位与距离	• 座位一般选择在客户的右边,这样保险营销员写下的东西、进行的计算及举的例子都在客户的视线之内;要与客户坐在桌子同一边,这样有利于谈话。 • 保险营销员与客户座位的间隔一般在1米左右,但并不是绝对的,文化背景、社会地位、性格特征、情绪心境不同,个体空间距离也不同。
乘坐电梯	• 先按电梯,让客人先进。若客人不止一人时,可先进电梯,一手按"开"按钮,一手按住电梯侧门,对客人礼貌地说:"请进!" • 进入电梯后,按下客人要去的楼层数,侧身面对客人。如无旁人,可略做寒暄;如有他人,应主动询问他人去几楼,并帮忙按下按钮。 • 到目的地后,一手按"开"按钮,一手做请出的动作,说:"到了,您先请!"客人走出电梯后,自己立即步出电梯,在前面引导方向。 • 不要同时按电梯上下行键,不要堵在电梯口,要遵循先下后上的原则等。
接听电话	• 电话铃响第二下时接听,准备好记事本,注意身体姿势以保证声音清晰。 • 尽可能避免厌烦神情及语调,与话筒保持适当距离,说话声大小适度,嘴里不含东西。 • 听不清对方说话的内容时,不要犹豫,应立即将实际情况告诉对方。 • 听对方讲话时不能沉默,应作出适当回应表明在聆听。 • 结束沟通时,待对方挂线后再挂电话,或稍等2~3秒钟再挂电话。
拨打电话	• 准备好电话号码,安排好通话环境及事项,嘴里不含东西,琢磨并写下沟通的主题内容、措辞、可遇见的客户异议和问题以及沟通语气、语调。 • 在客户的非繁忙时间拨打电话,如上午的11点钟左右,下午的4点钟左右。不占用客户私人休息时间,如早上8点钟以前,晚上8点钟以后。 • 做自我介绍,扼要说明本次电话的目的和事项。 • 致电陌生拜访需问清并确认接听者是否为受访当事人。 • 感谢对方或代接电话者,并有礼貌地说声"再见"。待对方挂断电话后再挂机,或稍等2~3秒钟再挂电话
谈话礼仪	• 谈话的表情要自然,语气和气亲切,表达得体。 • 说话时手势适当,动作不要过大,不要用手指指人,保持适当距离。 • 谈话中遇有急事需要处理或需要离开,应向谈话对方打招呼,表示歉意。 • 在相互交谈时,应目光注视对方,以示专心。对方发言时,不要左顾右盼、心不在焉;不要注视别处,显出不耐烦的样子;不要老看手表,表现出伸懒腰、玩东西等漫不经心的动作。 • 谈话一般不要涉及宗教、隐私等内容。

第二部分　实验设计

一、实验基本情况

(一) 实验目的

通过实验教学,让学生了解职业礼仪的重要性,熟悉基本的职业礼仪要求,能在给定的场景中表现出适当的职业礼仪。

(二) 环境用具

电脑、保险实验教学软件、网络连接、电子期刊数据、保险营销员职业礼仪视频、图片、案例等。

（三）实验学时

2 学时。

（四）实验形式

分组讨论、案例分析、角色扮演。

（五）实验重点

职业礼仪基本要求。

二、实验内容与教学组织

（一）了解保险营销员职业礼仪的基本要求

（1）教师给学生提供正确的职业礼仪相关视频、图片或案例，要求学生进行观察。

（2）从着装礼仪、仪态礼仪、社交礼仪、电话礼仪、谈话礼仪等方面进行评价。

（3）给予一组不当或错误的职业礼仪相关资料，让学生辨别，并提出改进建议。

（二）职业礼仪演练

（1）将学生分组，要求每个小组假设需要完成某个保险营销任务，如陌生拜访、保单送递等。

（2）组长给每个成员分派一定的角色，按照职业礼要求进行演练。

（三）职业礼仪演练点评与总结

（1）教师观察各小组的演练过程，挑选有代表性的小组进行公开示范，引导其他小组进行观察。

（2）教师对示范过程进行点评。

【注意事项】

（1）要在课前准备相关视频、图片和案例等资料。

（2）示范的小组可以在课前进行安排，尤其是对常见的错误礼仪进行安排，以达到较好的教学效果。

【思考题】

（1）保险营销员为什么要重视职业礼仪？

（2）保险营销员职业礼仪有哪些要求？

（3）常见的保险营销员职业礼仪错误有哪些？

【参考文献】

[1] 陈兰芬. 保险营销实务 [M]. 北京：电子工业出版社，2011.

[2] 方有恒，郭颂平. 保险营销学 [M]. 上海：复旦大学出版社，2013.

第三部分　实验报告

一、实验报告总表

实验报告总表如表 1.3 所示：

表 1.3 　　　　　　　　　　　　　　**实验报告总表**

<table>
<tr><td>实验编号
及实验名称</td><td colspan="5" align="center">实验 1　保险营销员职业礼仪</td></tr>
<tr><td>分组编号</td><td></td><td>组长姓名</td><td></td><td>组长学号</td><td></td></tr>
<tr><td>实验地点</td><td></td><td>实验日期</td><td></td><td>实验时数</td><td>2 学时</td></tr>
<tr><td>指导教师</td><td></td><td>同组其他成员</td><td></td><td>评定成绩</td><td></td></tr>
<tr><td rowspan="4">实验内容及步骤</td><td align="center">实验内容</td><td align="center">教学形式</td><td align="center">时间控制</td><td colspan="2" align="center">注意事项</td></tr>
<tr><td>了解保险营销员职业礼仪的基本要求</td><td>播放资料
分组讨论</td><td>20 分钟</td><td colspan="2">从着装礼仪、仪态礼仪、社交礼仪、电话礼仪、谈话礼仪等方面进行评价</td></tr>
<tr><td>职业礼仪演练</td><td>分组讨论
角色扮演</td><td>30 分钟</td><td colspan="2">每个小组假设需要某个保险营销任务，如陌生拜访、保单送递等</td></tr>
<tr><td>职业礼仪演练点评与总结</td><td>典型示范</td><td>30 分钟</td><td colspan="2">注意找出示范小组的错误</td></tr>
<tr><td>实验总结</td><td colspan="5"></td></tr>
<tr><td>教师评语</td><td colspan="5"></td></tr>
</table>

二、实验操作与记录

（一）了解保险营销员职业礼仪的基本要求

（1）在提供的不当或错误的职业礼仪相关资料中，本小组观察的资料主要涉及

（请在所选项目前标识）：

□ 着装礼仪　　　□ 仪态礼仪　　　□ 社交礼仪

□ 电话礼仪　　　□ 谈话礼仪　　　□ 其他（请注明）_____

（2）在提供的不当或错误的职业礼仪相关资料中，本小组发现的错误之处主要如下：

（3）本小组对上述不当或错误的改进建议如下：

（二）职业礼仪演练

（1）请对本小组假设需要完成的某个保险营销任务进行描述（情景描述）。

2. 本小组成员角色分配如下：

成员：_____　扮演角色：_____

成员：_____　扮演角色：_____

成员：_____　扮演角色：_____

成员：_____　扮演角色：_____

成员：_____　扮演角色：_____

成员：_____　扮演角色：_____

（3）本小组通过演练所发现的问题或心得主要如下：

（三）职业礼仪演练点评与总结

（1）公开示范小组需要完成的保险营销任务如下：

（2）公开示范小组演练中存在的问题（或特色）主要如下：

（3）本小组发现的问题与教师点评所指出的问题是否相同，为什么？

实验 2　保险营销员职业道德

第一部分　保险营销员职业道德基础知识

一、职业道德的含义与特征

（一）职业道德的含义

我国《公民道德建设实施纲要》（2001）指出：“职业道德是所有从业人员在职业活动中应该遵循的行为准则，涵盖了从业人员与服务对象、职业与职工、职业与职业之间的关系。随着现代社会分工的发展和专业化程度的增强，市场竞争日趋激烈，整个社会对从业人员职业观念、职业态度、职业技能、职业纪律和职业作风的要求越来越高。要大力倡导以爱岗敬业、诚实守信、办事公道、服务群众、奉献社会为主要内容的职业道德，鼓励人们在工作中做一个好建设者。”从本质上看，保险营销员的职业道德是保险营销员在履行其职业责任、从事保险代理过程中逐步形成的、普遍遵守的道德原则和行为规范，是社会对从事保险营销工作的人们的一种特殊的道德要求，是社会道德在保险营销职业生活中的具体体现。

职业道德的基本范畴主要由八个因素组成，即职业理想、职业态度、职业责任、职业技能、职业纪律、职业良心、职业荣誉和职业作风（见图 2.1）。

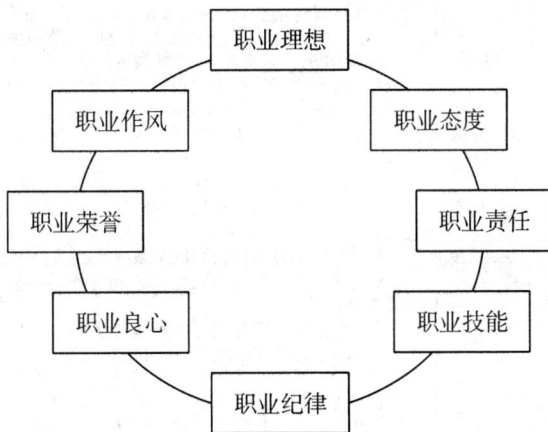

图 2.1　职业道德的基本范畴

（二）职业道德的特征

职业道德的特征如下：

（1）职业道德具有鲜明的职业特点。某种职业道德对该行业以外的人往往不适用。

（2）职业道德具有明显的时代性特点。一定社会的职业道德总是由一定社会的经济关系、经济体制决定，并反过来为之服务。

（3）职业道德是一种实践化的道德。职业道德产生于职业实践活动中，只有付诸实践，职业道德才能体现其价值和作用，才能具有生命力。

（4）职业道德的表现形式呈具体化和多样化特点。各种职业对从业人员的道德要求总是从本职业的活动和交往的内容及方式出发，适应于本职业活动的客观环境和具体条件。

二、保险营销员职业道德的法律规范

中国保险监督管理委员会（以下简称保监会）于 2004 年制定并发布了《保险代理从业人员职业道德指引》《保险经纪从业人员职业道德指引》《保险公估从业人员职业道德指引》，对保险代理从业人员的要求是守法遵规、诚实信用、专业胜任、客户至上、勤勉尽责、公平竞争、保守秘密；对保险经纪从业人员的要求是守法遵规、诚实信用、专业胜任、勤勉尽责、友好合作、公平竞争、保守秘密。2006 年 7 月 1 日开始施行的《保险营销员管理规定》（2013 年 7 月 1 日废止）第四章对保险营销员的展业行为进行管理（见表 2.1）。

表 2.1　　　　　　　　　《保险营销员管理规定》第四章主要内容

应遵守的规定	禁止的行为
第二十八条　保险营销员从事保险营销活动应当遵守法律、行政法规和中国保监会的有关规定。	第三十六条　保险营销员从事保险营销活动，不得有下列行为： （一）做虚假或者误导性说明、宣传； （二）擅自印制、发放、传播保险产品宣传材料； （三）对不同保险产品内容做不公平或者不完全比较；
第二十九条　保险营销员应当在所属保险公司授权范围内从事保险营销活动，自觉接受所属保险公司的管理，履行委托协议约定的义务。	（四）隐瞒与保险合同有关的重要情况； （五）对保险产品的红利、盈余分配或者未来不确定收益作出超出合同保证的承诺； （六）对保险公司的财务状况和偿付能力作出虚假或者误导性陈述；
第三十条　保险营销员从事保险营销活动，应当出示《展业证》。	（七）利用行政处罚结果或者捏造、散布虚假事实，诋毁其他保险公司、保险中介机构或者个人的信誉；
第三十一条　保险营销员应当客观、全面、准确地向客户披露有关保险产品与服务的信息，应当向客户明确说明保险合同中责任免除、犹豫期、健康保险产品等待期、退保等重要信息。	（八）利用行政权力、行业优势地位或者职业便利以及其他不正当手段强迫、引诱或者限制投保人订立保险合同； （九）给予或者承诺给予投保人、被保险人或者受益人保险合同规定以外的其他利益； （十）向投保人、被保险人或者受益人收取保险费以外的费用； （十一）阻碍投保人履行如实告知义务或者诱导其不履行如实告知义务；
第三十二条　保险营销员销售分红保险、投资连结保险、万能保险等保险新型产品的，应当明确告知客户此类产品的费用扣除情况，并提示购买此类产品的投资风险。	（十二）未经保险公司同意或者授权擅自变更保险条款和保险费率； （十三）未经保险合同当事人同意或者授权擅自填写、更改保险合同及其文件内容； （十四）未经投保人或者被保险人同意，代替或者唆使他人代替投保人、被保险人签署保险单证及相关重要文件；
第三十三条　保险营销员应当将保险单据等重要文件交由投保人或者被保险人本人签名确认。	（十五）诱导、唆使投保人终止、放弃有效的保险合同，购买新的保险产品，且损害投保人利益； （十六）泄露投保人、被保险人、受益人、保险公司的商业秘密或者个人隐私；
第三十四条　保险营销员不得与非法从事保险业务、保险中介业务的机构或者个人发生保险业务往来。	（十七）超出《展业证》载明的业务范围、销售区域从事保险营销活动； （十八）挪用、截留、侵占保险费、保险赔款或者保险金； （十九）串通投保人、被保险人或者受益人骗取保险金或者保险赔款；
第三十五条　保险营销员代为办理保险业务，不得同时与两家或者两家以上保险公司签订委托协议。	（二十）伪造、变造、转让《资格证书》或者《展业证》； （二十一）私自印制、伪造、变造、倒买倒卖、隐匿、销毁保险单证； （二十二）中国保监会规定的其他扰乱保险市场秩序的行为。

2013 年 7 月 1 日起施行的《保险销售从业人员监管办法》对保险营销员的职业道德和行为进行了重新规定。其中，第二十四条规定了以下禁止行为：

（1）欺骗投保人、被保险人或者受益人；

（2）隐瞒与保险合同有关的重要情况；

（3）阻碍投保人履行如实告知义务，或者诱导其不履行如实告知义务；

（4）给予或者承诺给予投保人、被保险人或者受益人保险合同约定以外的利益；

（5）利用行政权力、职务或者职业便利以及其他不正当手段强迫、引诱或者限制投保人订立保险合同，或者为其他机构、个人牟取不正当利益；

（6）伪造、擅自变更保险合同，或者为保险合同当事人提供虚假证明材料；

（7）挪用、截留、侵占保险费或者保险金；

（8）委托未取得合法资格的机构或者个人从事保险销售；

（9）以捏造、散布虚假信息等方式损害竞争对手的商业信誉，或者以其他不正当竞争行为扰乱保险市场秩序；

（10）泄露在保险销售中知悉的保险人、投保人、被保险人的商业秘密及个人隐私；

（11）在客户明确拒绝投保后干扰客户；

（12）代替投保人签订保险合同；

（13）违反法律、行政法规和中国保监会的其他规定。

三、保险营销员违反职业道德的常见行为

（一）销售人员常见的不良行为

销售人员常见的不良行为如下：

（1）更改或使用不规范的宣传资料；

（2）多家代理保险业务；

（3）未尽如实告知义务；

（4）曲解或隐瞒条款重要内容；

（5）销售误导；

（6）代签名；

（7）初次核保不严；

（8）回佣及承诺保险合同以外的利益；

（9）代客户垫交保费；

（10）不及时通知客户交费导致保单失效；

（11）打白条收费；

（12）诋毁同业或其他销售人员；

（13）截留、挪用、侵占保费或生存金；

（14）串通客户骗保。

（二）销售人员在日常管理环节应避免的行为

销售人员在日常管理环节应避免的行为如下：

（1）未取得保险资格证书和展业证书便从事保险代理活动；

（2）未参加公司岗前培训或培训不合格便从事保险代理活动；

（3）超出公司授权的业务范围从事保险代理活动；

（4）与非法从事保险业务、保险中介业务的机构或个人发生保险业务往来，为其他同业公司、代理公司代理保险业务；

（5）泄露公司商业秘密，诋毁公司声誉；

（6）违反公司相关管理制度、保险从业规定，扰乱保险市场秩序；

（7）借他人名义办理入司手续。

（三）保险营销人员在团队管理环节应避免的行为

保险营销人员在团队管理环节应避免的行为如下：

（1）在客户向公司其他销售人员明确投保意愿后，采取不正当的手段争抢业务；

（2）向客户承诺保险合同以外的利益争抢业务；

（3）利用职业便利抢夺公司其他销售人员的保险业务；

（4）使用不正当手段引诱投保人撤销原有保险合同，购买新的保险产品；

（5）虚假承诺或者夸大待遇进行增员。

（四）保险营销员在业务环节应避免的行为

保险营销员在业务环节应避免的行为如表2.2和表2.3所示：

表 2.2　　　　　　　宣传、展业环节销售人员应避免的行为一览表

序号	销售人员应避免行为	环节分类	行为分类
（1）	夸大公司经营业绩和公司实力	公司介绍	销售误导
（2）	隐瞒保险合同中如免责条款、等待期、观察期等重要信息	产品介绍	销售误导
（3）	误导客户可按交纳保险费退保，未说明退保时按保单现金价值额度退保	产品介绍	销售误导
（4）	混淆保险产品和银行储蓄，片面将产品收益和银行存款收益进行简单比较	产品介绍	销售误导
（5）	宣导分红保险红利一定高于银行同期收益	产品介绍	销售误导
（6）	介绍分红产品收益是固定的	产品介绍	销售误导
（7）	进行演示把预期收益宣导为到期可得收益	产品介绍	销售误导
（8）	将新型保险产品和其他银行存款、理财产品进行简单片面的比较	产品介绍	销售误导
（9）	未介绍产品的免除责任	产品介绍	销售误导
（10）	未明确解释健康险产品观察期的概念	产品介绍	销售误导
（11）	未明确说明或者错误解释退保、失效将造成的损失	产品介绍	销售误导
（12）	未对保险条款内容如实宣传和解释	产品介绍	销售误导
（13）	摘录部分条款内容，隐瞒保险产品重要信息	产品介绍	销售误导
（14）	在展业中夸大产品功能和产品责任	产品介绍	销售误导
（15）	以产品为销售导向，推荐不适合客户需求的保险产品	产品推荐	推荐不适合产品

表2.2(续)

序号	销售人员应避免行为	环节分类	行为分类
(16)	不考虑客户的经济能力，推荐超越客户经济实力的保险产品	产品推荐	推荐不适合产品
(17)	擅自变更、印刷、发放和传播保险宣传材料	宣传资料	变更宣传资料
(18)	使用手写的保险产品宣传材料	宣传资料	使用不规范资料
(19)	用不恰当手段和方式引诱、强制投保人购买保险	投保签单	诱使投保
(20)	向客户承诺保险合同之外的其他利益	投保签单	承诺合同以外利益
(21)	向客户回佣促成业务	投保签单	回佣
(22)	诱导客户放弃有效保险合同，购买新的保险产品	投保签单	销售误导
(23)	承诺超出条款约定的收益	投保签单	销售误导
(24)	诋毁与其有业务竞争的销售人员或者其他同业公司的销售人员	同业竞争	诋毁同业/同事
(25)	利用行政处罚结果贬低或诋毁同业公司和同业人员信誉	同业竞争	诋毁同业/同事
(26)	将本公司与同业公司产品进行不公平比较	同业竞争	销售误导
(27)	泄露或者出售客户隐私及相关资料，对客户造成不良影响	客户资料	泄露客户资料
(28)	以不正当手段获取客户资料	客户资料	不正当竞争
(29)	与客户争吵造成不良影响，损害公司形象	客户服务	服务不周
(30)	客户经济能力不够，却主动要求借款给客户购买保险产品	投保签单	诱使投保

资料来源：中国人寿保险股份有限公司教材编写委员会. 职业道德与行为规范〔M〕. 北京：中国金融出版社，2010：93—94.

表2.3　　投保、签单和销售服务环节销售人员应避免的行为一览表

序号	销售人员应避免的行为	违规行为分类
(1)	故意疏忽客户的投保条件，希望蒙混过关	不符合投保条件
(2)	责任心不强，不严格审核客户的投保条件	不符合投保条件
(3)	未面见被保险人便办理投保业务	不符合投保条件
(4)	阻碍客户向公司如实告知	未如实告知
(5)	没有将了解的客户重要情况如实告知公司	未如实告知
(6)	未向客户解释加费原因	未如实告知
(7)	未主动告知公司客户的联系方式	客户资料不全
(8)	在知悉客户联系方式发生变更后未及时告知公司	客户资料不全
(9)	故意隐瞒客户联系方式	客户资料不全

表2.3(续)

序号	销售人员应避免的行为	违规行为分类
(10)	假冒客户或指使他人假冒客户接受公司回访	客户资料不全
(11)	代替投保人、被保险人签名	代签名
(12)	默许投保人、被保险人代签名	代签名
(13)	唆使他人代替投保人、被保险人签名	代签名
(14)	未经客户书面授权代客户垫交保费	垫交保费
(15)	受公司委托但因自身原因未及时通知客户交费造成客户保单失效	未及时收费
(16)	未向客户宣导公司关于保费零现金收费的规定	未零现金收费
(17)	收取客户现金存入个人银行账户，代替客户交费	未零现金收费
(18)	收取客户保费后故意不及时交至公司	未零现金收费
(19)	利用保险合同宽限期提前收取客户保费后不及时上交公司	截留、挪用、侵占保费
(20)	因主观原因导致不能在规定期限内将保费上交公司	截留、挪用、侵占保费
(21)	收取客户保费后因其他原因忘记及时交至公司	截留、挪用、侵占保费
(22)	鼓动客户提供虚假信息或与客户串通骗取保险金	骗取保费
(23)	未在规定期限内将公司签发的保单送达客户	未及时送达/核销单证
(24)	未将回执及时交回公司核销	未及时送达/核销单证
(25)	未将保费发票及时交给客户	未及时送达/核销单证

资料来源：中国人寿保险股份有限公司教材编写委员会. 职业道德与行为规范 [M]. 北京：中国金融出版社，2010：101.

第二部分　实验设计

一、实验基本情况

（一）实验目的

通过实验教学，让学生了解保险营销员职业道德的重要性，熟悉保险营销职业道德的主要内容，能辨别违反职业道德的行为表现，掌握保险营销员的基本行为规范。

（二）环境用具

电脑、保险实验教学软件、网络连接、保险学术期刊、保险统计信息资料、保险公司基本信息、保险营销员职业道德分类图表、保险营销员职业行为规范分类图表。

（三）实验学时

2学时。

（四）实验形式

分组讨论、案例分析。

（五）实验重点

保险营销员职业道德的重要性、遵守保险营销员职业行为规范。

二、实验内容与教学组织

（一）保险营销员职业道德的重要性

（1）将学生分成 4~8 人/组，要求学生通过保险行业协会、保监会、保险学会、向日葵保险网、保网等网站，查找保险纠纷案例、保险服务满意度调研，以及保险投诉案例等，要求 3 份以上。

（2）对本小组查找的案例进行分析，判断保险营销员是否遵守职业道德、有无不良影响、是否需要改正等。

（二）熟悉保险营销员职业道德与行为规范的主要内容

（1）要学生查找我国对于保险营销员职业道德（行为规范）的相关法律法规。

（2）将保险营销员职业道德（行为规范）的具体规定归类，并绘制成表格或图。

（3）教师将课前制作的相关图表进行展示，要求学生进行参照比较。

（4）学生对照教师提供的资料，将之前查找的案例进行识别，判断该案例中保险营销员违反了哪一种职业道德（行为规范）。

（三）掌握保险营销员职业道德和行为规范

（1）要求各小组成员设定一个销售场景，以保险市场某真实的保险公司或者中介机构销售人员的身份，完成某个销售任务。

（2）各小组成员合理分工，演练本小组假设的销售任务。

（3）教师通过观察，挑选有代表性的小组进行示范。其他小组进行观察，教师点评。

【注意事项】

（1）教师在课前准备相关案例和资料，或者提供资料来源，以便于指引学生查找。

（2）教师要课前做好职业道德分类图或表，方便学生进行参照比较。要等待学生基本完成本小组的图或表之后才展示。

（3）教师可以在课前安排示范小组，准备演练，强化教学效果。

【思考题】

（1）保险营销员为什么要拥有较高的职业道德修养？

（2）保险营销员常见的违反职业道德的行为有哪些？

【参考文献】

［1］中国人寿保险股份有限公司教材编写委员会. 职业道德与行为规范 ［M］. 北京：中国金融出版社，2010.

［2］方有恒. 郭颂平. 保险营销学 ［M］. 上海：复旦大学出版社，2013.

［3］陈兰芬. 保险营销实务 ［M］. 北京：电子工业出版社，2011.

第三部分　实验报告

一、实验报告总表

实验报告总表如表2.4所示：

表2.4　　　　　　　　　　　　　　**实验报告总表**

实验编号及实验名称	实验2　保险营销员职业道德				
分组编号		组长姓名		组长学号	
实验地点		实验日期		实验时数	2学时
指导教师		同组其他成员		评定成绩	
实验内容及步骤	实验内容	教学形式	时间控制	注意事项	
	保险营销职业道德的重要性	分组讨论	25分钟	查找保险纠纷案例、保险服务满意度调研，以及保险投诉案例等，共3份以上	
	熟悉保险营销职业道德与行为规范的主要内容	分组讨论	30分钟	将保险营销职业道德（行为规范）的具体规定归类，并绘制成表格或图	
	掌握保险营销职业道德和行为规范	分组讨论	25分钟	设定一个销售场景，以保险市场某真实的保险公司或者中介机构销售人员的身份，完成某个销售任务	
实验总结					
教师评语					

二、实验操作与记录

（一）保险营销员职业道德的重要性

（1）本小组查到的资料（案例）名称是：_____

_____

_____

_____

_____

（2）该资料（案例）的来源是：_____

_____

_____

_____

_____

（3）对本小组查找的案例进行分析，判断保险营销员是否遵守职业道德、有无不良影响、是否需要改正等。

（二）熟悉保险营销员职业道德与行为规范的主要内容

（1）请将查到的法律法规名称列出来：_____

_____

_____

_____

_____

_____

_____

（2）将保险营销员职业道德（行为规范）的具体规定归类，并绘制成表格或图。

（3）学生对照教师提供的资料，对之前查找的案例进行识别，判断该案例中保险营销员违反了哪一种职业道德（行为规范）。

（三）掌握保险营销员职业道德和行为规范

（1）要求各小组学生设定一个销售场景，以保险市场某真实的保险公司或者中介机构销售人员的身份，完成某个销售任务。请将本小组的各种假设进行描述。

（2）本小组成员演练分工如下：

成员：＿＿＿＿＿＿　扮演角色：＿＿＿＿＿＿＿＿＿＿＿＿＿＿＿＿

成员：＿＿＿＿＿＿　扮演角色：＿＿＿＿＿＿＿＿＿＿＿＿＿＿＿＿

成员：＿＿＿＿＿＿　扮演角色：＿＿＿＿＿＿＿＿＿＿＿＿＿＿＿＿

成员：＿＿＿＿＿＿　扮演角色：＿＿＿＿＿＿＿＿＿＿＿＿＿＿＿＿

成员：＿＿＿＿＿＿　扮演角色：＿＿＿＿＿＿＿＿＿＿＿＿＿＿＿＿

成员：＿＿＿＿＿＿　扮演角色：＿＿＿＿＿＿＿＿＿＿＿＿＿＿＿＿

（3）本小组通过演练发现存在职业道德和行为规范方面的问题或心得体会主要如下：

4. 对示范小组进行观察，结合老师的点评，本小组的收获如下：

第2章 保险市场调查

实验3 保险市场调查方案制订

第一部分 保险市场调查方案制订基础知识

一、保险市场信息与保险营销信息系统

（一）保险市场信息

保险市场信息主要包括有关国内及国际保险市场的一些消息、情报、数据和资料。例如，有关社会和经济各部门以及广大消费者对各种财产、人身、责任和保证等保险业务的需求量，国家立法机关有关保险的法律和条例的颁布与变更，国际和国内保险公司、再保险公司的业务变动情况、承保能力以及承保技术等方面的情况等（见图3.1）。保险市场信息可以提供决策依据，帮助保险企业获取竞争优势，有利于保险企业控制营销风险。保险信息存在不对称现象（见表3.1）。

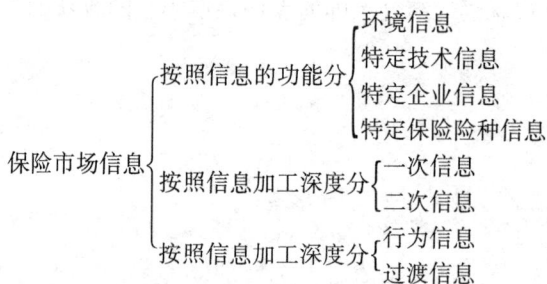

```
                                        ┌ 环境信息
                                        │ 特定技术信息
                        按照信息的功能分 ┤
                                        │ 特定企业信息
                                        └ 特定保险险种信息
保险市场信息 ┤       按照信息加工深度分 ┬ 一次信息
                                        └ 二次信息
                        按照信息加工深度分 ┬ 行为信息
                                        └ 过渡信息
```

图 3.1 保险市场信息分类

表 3.1　　　　　　　　　　　保险市场信息不对称的表现形式

表现形式	含义
旧车问题	投保人对所购买的保险产品的知识少于保险人，即保险人拥有信息优势。
逆选择问题	投保人对自身情况的了解多于保险人，这就引发了逆选择问题，即具有较高风险水平的人更愿意以平均价格水平购买保险。
代理人问题	在所有委托—代理关系中，代理人并不总是为了委托人的最大利益而行事。
道德风险问题	由于购买了保险，被保险人可能会从事更加危险的活动，或者采用隐瞒、夸大、捏造、制造等方式获取更多合同利益。

（二）保险营销信息系统

保险营销信息属于社会经济信息的范畴，是指在一定时间和条件下，同保险营销活动有关的各种消息、情报、数据、资料的总称。保险营销信息系统是由人、设备和程序构成的复合体（见图 3.2）。保险营销信息系统的任务在于收集、整理、分析、评估、分配与提供所需要的、及时的、准确的信息，以供保险营销决策者用来进行保险营销计划、执行与控制的工作。

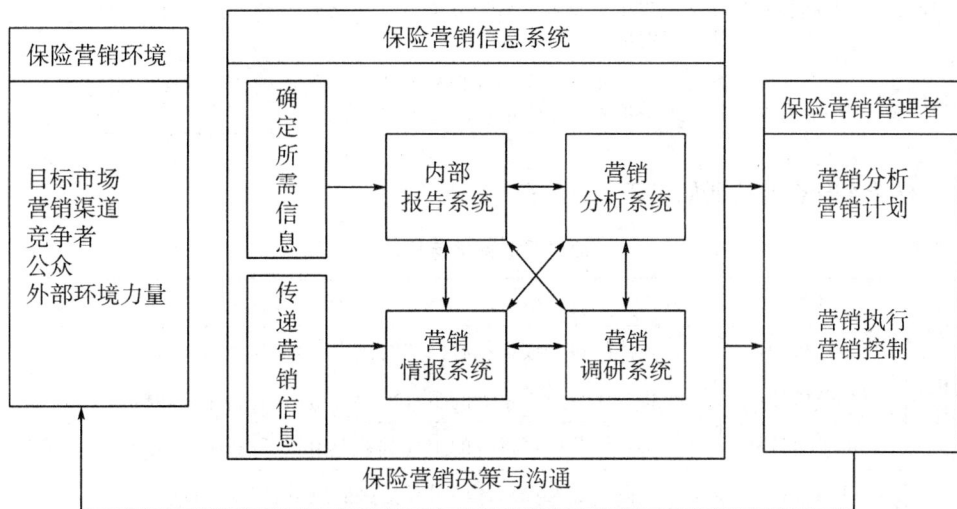

图 3.2　保险营销信息系统图

二、保险营销调研的内容与方法

（一）保险营销调研的内容

保险营销调研的内容如图 3.3 所示：

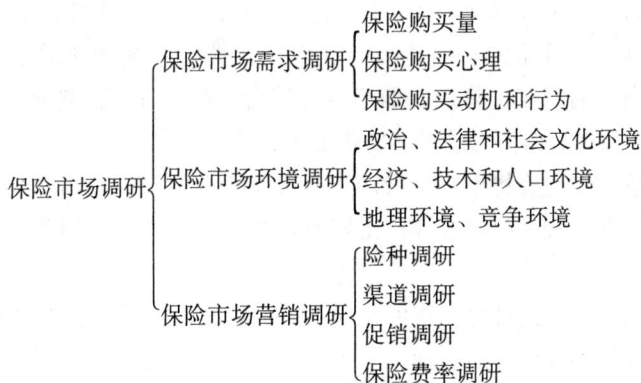

图 3.3　保险市场调研的内容

（二）保险营销调研的方法

保险营销调研的方法如表 3.2 所示：

表 3.2 保险营销调研的方法

调研方法	含义
普查法	普查法是对一定时期内所有保户无一例外地进行全面调查了解，从而取得比较全面和完整的资料。
典型调查法	典型调查法指在调查范围内选出最具有代表性的调查对象作为重点进行调查，达到对所有调查对象的了解。
抽样调查法	抽样调查法是指根据一定的原则，从调查对象的总体（也称母体）中抽出一部分对象（也称样本）进行调查，从而推断总体情况的方法（抽样设计是严格按照数理统计的要求进行的）。
间接调查法	间接调查法是指通过对保险业以外其他部门的调查，了解保险业与其他部门的内在联系，进一步预测保险市场的需求和发展趋势。

抽样调查种类与特征如表 3.3 所示：

表 3.3 抽样调查种类与特征

类型	种类	特征
随机抽样	简单随机抽样	总体的每个成员都有已知的或均等的被抽中的机会。
	分层随机抽样	将总体分成不重叠的组（如年龄组），在每组内随机抽。
	分群随机抽样	将总体分成不重叠的组（如职业组），随机抽出若干组进行普查。
非随机抽样	任意抽样	调研人员选择总体中最易接触的成员以获取信息。
	判断抽样	调研人员按自己的估计选择总体中可能提供准确信息的成员。
	定额抽样	调研人员按若干分类标准确定分类规模，然后按比例在每类中选择特定数量的成员进行调查。

三、保险营销调研的程序

保险营销调研是一项复杂而细致的工作，为了提高调研工作的效率和质量，营销调研一般可以按图 3.4 所示的程序进行。在上实验课时，受到实验条件与实验时间的限制，一般只能完成前三步，剩余的两步需要结合实际情况有条件地完成。

其中，第四步整理分析资料的具体要求如下：

（1）资料整理。整理资料主要是看调查人员是否严格按调研方案实施调查、问卷填写是否有不清楚的地方、问卷中是否有比较明显的逻辑错误等，以确定资料的真实性和准确性。

（2）对数据的处理。这部分工作可分为编码、录入、编辑和汇总四个步骤。

（3）对调研质量的评价。对调研质量的评价包括三个方面：一是事后质量抽查，这种方法效果好，但费用较高；二是检查资料内部的逻辑关系，剔除相互矛盾和明显错误的资料；三是抽样误差检查，调查误差与样本量成反比，而样本量又与调查费用的投入有着密切的关系。

（4）资料分析工作。资料分析方法一般分为定性和定量两种。

第五步提出报告的具体内容应包括以下几个方面：

（1）报告题目。

（2）报告目录。

（3）内容概要。

（4）关于调查项目的情况介绍及背景材料。

（5）调查过程包括调查方法、调查结果和局限性。

（6）结论。主要是提出改善建议。

（7）附件。主要是有关附表、附图和相关资料。

确定调研方案	保险营销调研方案是用于指导调研工作的计划，应包括调研目标、具体的调研问题、资料收集和分析的方法以及调研工作费用和时间安排等内容。
收集资料	收集资料主要是确定采取现场实地调研还是利用现有资料进行调研。在进行某项具体调研目的时，可根据调研的目标、资料来源、时间紧迫程度、调研费用多少来决定采取其中某种方法来收集资料。
调研方案设计	常见的调研方案设计可以分为问卷设计（详见本章实验4）和抽样设计两种。
整理分析资料	运用科学方法，将得到的大量资料和数据进行整理、分类、编号，去粗取精，去伪存真。
提出报告	报告的内容要紧扣主题；应该以客观的态度列举事实；方案要简练；尽量使用图表来说明问题。

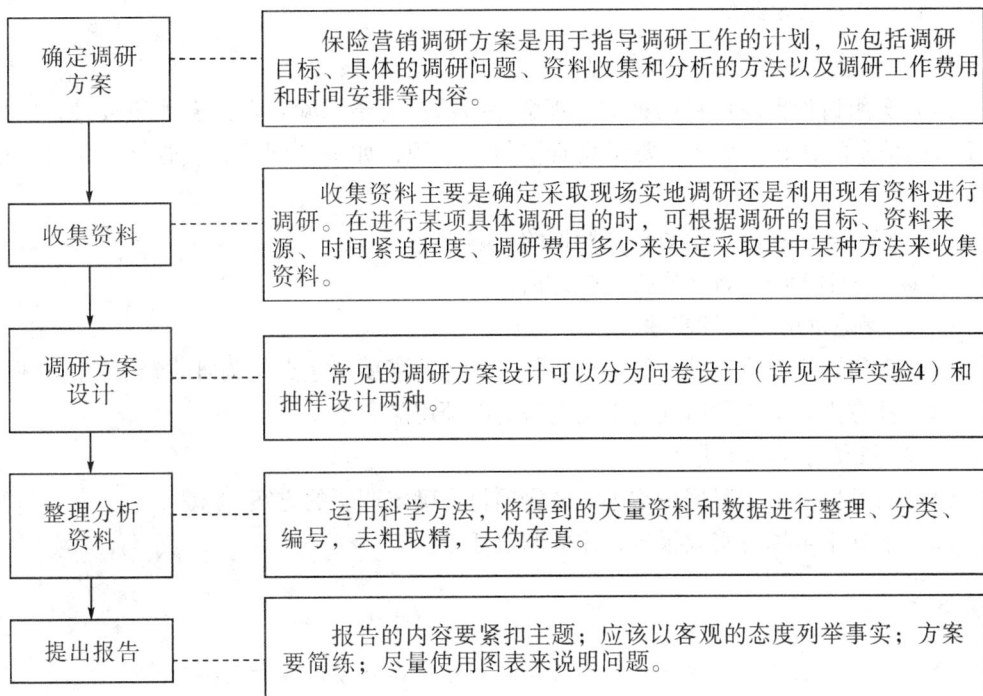

图 3.4　保险营销调研程序

第二部分　实验设计

一、实验基本情况

（一）实验目的

通过实验教学，使学生掌握一定的收集保险市场信息的能力和信息处理能力，具备一定的市场判断能力。通过分组讨论保险市场信息的特点、分类、保险信息管理等，使学生熟悉和掌握保险信息收集的渠道，能够根据保险营销工作的需要进行信息的收集；能够根据特定调研项目的需要正确设计调查问卷，收集所需要的信息，为保险营销提供决策参考。

（二）环境用具

电脑、保险实验教学软件、网络连接、保险学术期刊、保险统计信息资料、调查报告样本。

（三）实验学时

2 学时。

（四）实验形式

分组讨论、情景模拟。

（五）实验重点

调研方案设计。

二、实验内容与教学组织

（一）保险市场信息分类及管理

（1）分组讨论保险信息的种类，理解保险信息对于保险企业经营的重要性，掌握保险营销信息的含义，知晓主要保险营销信息来源，如统计网站、监管部门网站、中国知网等。

（2）利用案例加深学生对相关知识的理解。

（3）引导学生围绕教学安排进行讨论。

（二）保险营销调研的步骤

（1）分组讨论保险营销调研各个步骤应注意的事项，重点是调研问卷设计的过程。

（2）注意提醒学生调研问卷不是调研的必须用品。

（三）完成制定调研项目

（1）将学生分组，根据所给定的调研项目，确定调研的方案。

（2）引导学生填写实验报告，完成调研任务。

注意事项

（1）组织学生讨论时注意引导其话题，不可偏离教学内容和安排。

（2）提前准备好调研的名称样本集，引导学生快速确定本小组拟调研的项目（大量实践经验表明学生由于缺乏相应锻炼，会在选择和确定题目环节花费大量时间）。

（3）强调实验的仿真性，必须将实验置于职业场景中，避免学生以实验环境为依托，出现低级错误。例如，在实验环境中，学生的预算可能为"零"。

【思考题】

（1）保险信息的获取渠道有哪些？

（2）进行市场调研的方法有哪些？

（3）根据给定条件完成调研方案的设计。

【参考文献】

[1] 方有恒，郭颂平. 保险营销学 [M]. 上海：复旦大学出版社，2013.

[2] 张洪涛，时国庆. 保险营销管理 [M]. 北京：中国人民大学出版社，2005.

[3] 徐井岗. 市场调研与预测 [M]. 北京：科学出版社，2009.

［4］黄丹. 市场调研与预测［M］. 北京：北京师范大学出版社，2007.

第三部分　实验报告

一、实验报告总表

实验报告总表如表 3.4 所示：

表 3.4　　　　　　　　　　　　　　实验报告总表

<table>
<tr><td>实验编号
及实验名称</td><td colspan="5">实验 3　保险市场调研方案制订</td></tr>
<tr><td>分组编号</td><td></td><td>组长姓名</td><td></td><td>组长学号</td><td></td></tr>
<tr><td>实验地点</td><td></td><td>实验日期</td><td></td><td>实验时数</td><td>2 学时</td></tr>
<tr><td>指导教师</td><td></td><td>同组其他成员</td><td></td><td>评定成绩</td><td></td></tr>
<tr><td rowspan="6">实验内容及步骤</td><td>实验内容</td><td>教学形式</td><td>时间控制</td><td colspan="2">注意事项</td></tr>
<tr><td>保险营销信息认知</td><td>分组讨论
网站点击搜索</td><td>20 分钟</td><td colspan="2">能列出主要保险营销信息来源
（网站等）</td></tr>
<tr><td>熟悉保险营销调研的步骤</td><td>分组讨论
自主学习</td><td>20 分钟</td><td colspan="2">学生上网自主学习</td></tr>
<tr><td>确定调研目标</td><td>分组讨论
情景模拟</td><td>5 分钟</td><td colspan="2">明确界定调研问题</td></tr>
<tr><td>信息甄别讨论</td><td>分组讨论</td><td>15 分钟</td><td colspan="2">明确需要哪些信息、信息来源等</td></tr>
<tr><td>制订与完善调研方案</td><td>分组讨论</td><td>20 分钟</td><td colspan="2">信息收集方法、工作进度、预案等</td></tr>
<tr><td>实验总结</td><td colspan="5"></td></tr>
<tr><td>教师评语</td><td colspan="5"></td></tr>
</table>

25

二、实验操作与记录

（一）保险市场信息分类及管理

（1）将本小组知晓的保险营销信息来源列出如下：

来源：＿＿＿＿＿＿＿　　主要信息：＿＿＿＿＿＿＿＿＿＿＿＿＿＿＿＿

来源：＿＿＿＿＿＿＿　　主要信息：＿＿＿＿＿＿＿＿＿＿＿＿＿＿＿＿

来源：＿＿＿＿＿＿＿　　主要信息：＿＿＿＿＿＿＿＿＿＿＿＿＿＿＿＿

来源：＿＿＿＿＿＿＿　　主要信息：＿＿＿＿＿＿＿＿＿＿＿＿＿＿＿＿

来源：＿＿＿＿＿＿＿　　主要信息：＿＿＿＿＿＿＿＿＿＿＿＿＿＿＿＿

来源：＿＿＿＿＿＿＿　　主要信息：＿＿＿＿＿＿＿＿＿＿＿＿＿＿＿＿

来源：＿＿＿＿＿＿＿　　主要信息：＿＿＿＿＿＿＿＿＿＿＿＿＿＿＿＿

来源：＿＿＿＿＿＿＿　　主要信息：＿＿＿＿＿＿＿＿＿＿＿＿＿＿＿＿

来源：＿＿＿＿＿＿＿　　主要信息：＿＿＿＿＿＿＿＿＿＿＿＿＿＿＿＿

（2）请列举一个案例，说明信息对保险营销工作的重要性。

①案例描述如下：

②案例中起关键作用的信息如下：

（二）保险营销调研的步骤

请将保险营销调研的主要步骤绘制成图（流程图），并标注本步骤的要点。

（三）完成制定调研项目

（1）本小组调研的情景假设（调研背景）如下：

（2）列出本小组的调研方案

题目：＿＿＿＿＿＿＿＿＿＿＿＿＿＿＿＿＿＿调研方案

（请自拟题目，可参考实验 3 附件）

＊以下内容仅作为提示，不是标准方案模板。各小组可以采用其他格式 ＊

一、确定调研目标

二、制订调研计划（信息、信息收集、工作进度、成本等）

1. 请介绍需要哪些信息？这些信息的来源是什么？

2. 打算如何收集这些信息（如果涉及调查问卷，请设计不少于 5 个问题，关于问卷设计在实验 4 中有深入探讨）。

3. 请描述详细的工作进度，包括部门、人力分配、时间安排等。

4. 请估算合理的调研成本。

5. 请设计调研方案预案（即突发事件预备案等）。

三、实施调研计划（请按照小组调研方案，结合实验室条件尽可能实施，由于时间有限，可以在课外完成）

四、陈述研究发现（调研报告）（限于实验时间，这一步在上课时间内不作具体要求，本实验重点在于调研方案制订，查阅相关资料，了解调查报告的写作要点）

【实验 3　附件】　调研题目参考（注意题目应该是"×××调研方案"）

表 3.5　　　　　　　　　　　×××调研方案

上海寿险公司营销员收入、福利情况调研报告
我国保险营销员管理体制问题研究
保险公司资产负债管理的挑战与实践
金融危机背景下保险需求变化趋势调研报告
抢抓机遇成效明显 基础薄弱问题突出——河南农村保险发展状况调查报告
保险业参与基本医疗保障经办管理调研报告
发展成效初显 路径依赖难消——贵州农村小额人身保险发展的调研报告
北京保险市场规范情况调查问卷的分析报告
保险业发展方式出现积极变化关键问题亟待破解
探索保险监管创新 推进发展方式转变
天津市实施医疗保险中定点医院工作管理的调研

表3.5(续)

华安小额农贷信用保险调研报告
保险业参与流动人口保险保障调研报告
保险电话营销法律问题调研报告
在上海建立保单转让市场研究
大连市失地农民养老保险调研
陕西省神木县实施"全民免费医疗"对人身保险业务的影响
江西"三农"保险参与农村金融合作的情况、问题和建议
重庆交强险经营亏损情况调研报告
河北省意外伤害保险激活式联名卡业务调研报告
人口结构变化对青海寿险业未来发展的影响分析及应对策略
北美寿险公司如何"稳增长、防风险"
北京保监局推动实施机动车商业保险费率浮动制度成效初显
大童北分改革传统营销员管理体制的主要做法和成效
保险进社区流程体系理论与应用研究
学贷险的现状、问题与机制的完善
广西壮族自治区与其他西部民族地区保险中介发展调查研究

实验 4　调查问卷设计

第一部分　调查问卷设计基础知识

一、调查问卷的概念、内容和类型

（一）调查问卷的概念

调查问卷又称调查表或询问表，是以问题的形式系统地记载调查内容的一种文件，是一种常见的调查工具，经常被应用于经济学、社会学等领域。调查问卷可以是表格式、卡片式或簿记式。设计调查问卷是询问调查的关键。完美的调查问卷必须具备两个功能，即能将问题传达给被问的人和使被问者乐于回答。

（二）调查问卷的主要内容

调查问卷的一般结构有标题、说明、主体、编码号、致谢语和实验记录 6 项内容（见表 4.1）。

表 4.1　　　　　　　　　　　　　　调查问卷的主要内容

序号	项目	内容
1	标题	每份问卷都有一个研究主题。研究者应开宗明义地定个标题，反映研究主题，使人一目了然，增强填答者的兴趣和责任感。
2	说明	说明（引言和注释）可以是一封告调查对象的信，也可以是指导语，说明调查的目的与意义、主要内容、保密措施，以及填答问卷的要求与注意事项等。下面同时填上调查单位的名称和年月日。
3	主体	问题和答案是问卷的主体。从形式上看，问题可以分为开放式和封闭式两种。从内容上看，问题可以分为事实性问题、意见性问题、断定性问题、假设性问题和敏感性问题等。
4	编码号	规模较大且需要运用电子计算机统计分析的调查要求所有的资料数量化，与此相适应的问卷就要增加一项编码号内容。
5	致谢语	为了表示对调查对象真诚合作的谢意，研究者应当在问卷的末端写上感谢的话，如果前面的说明已经有表示感谢的话语，那可不用致谢语。
6	实验记录	实验记录的作用是用以记录调查完成的情况和需要复查、校订的问题，格式和要求都比较灵活，调查访问员和校验者均在上面签写姓名和日期。

（三）调查问卷的类型

调查问卷可以按照不同的分类标准进行分类（见图 4.1）。

```
                              ┌ 封闭式问卷
                  按问题答案分 ┤ 开放式问卷
                              └ 半封闭式问卷
                              ┌ 自填问卷 ┌ 发送问卷
  调查问卷分类 ┤  按调查方式分 ┤          └ 邮寄问卷
                              └ 访问问卷
                              ┌ 甄别问卷
                  按问卷用途分 ┤ 调查问卷
                              └ 回访问卷
```

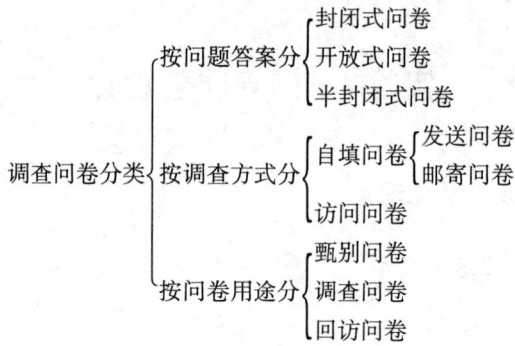

图 4.1　调查问卷的类型

二、调查问卷设计

（一）调查问卷设计的原则

调查问卷设计一般要遵循主题明确、结构合理且逻辑性强、通俗易懂、长度适宜、标准化等原则（见表 4.2）。

表 4.2　　　　　　　　　　　　　调查问卷设计原则

设计原则	说明
主题明确	根据主题，从实际出发拟题，问题目的明确、重点突出，不设计那些可有可无的问题。
结构合理且逻辑性强	问题的排列应有一定的逻辑顺序，符合应答者的思维程序。一般是先易后难、先简后繁、先具体后抽象。
通俗易懂	调查问卷应使应答者一目了然，并愿意如实回答。调查问卷中语气要亲切，符合应答者的理解能力和认识能力，避免使用专业术语。对敏感性问题采取一定的技巧调查，使调查问卷具有合理性和可答性，避免主观性和暗示性，以免答案失真。
长度适宜	回答调查问卷的时间一般控制在 20 分钟以内，调查问卷中既不浪费一个问句，也不遗漏一个问句。
标准化	便于资料的校验、整理和统计。

（二）调查问卷设计的程序

调查问卷设计一般按照把握目的和内容、收集资料、确定调查方法、确定内容、决定结构等步骤进行（见图 4.2）。

把握 目的和内容	确定设计调查问卷所需的信息，需要认真讨论调研的目的、主题和理论假设，并细读研究方案，将问题具体化、条理化和操作化，变成一系列可以测量的变量或指标。
收集资料	收集资料的目的主要有：帮助研究者加深对所调查研究问题的认识；为问题设计提供丰富的素材；形成对目标总体的清楚概念。 在收集资料时对个别调查对象进行访问，可以帮助了解受访者的经历、习惯、文化水平以及对问卷问题知识的丰富程度等。
确定 调查方法	在面访调查中，可以询问较长的、复杂的和各种类型的问题。在电话访问中，只能问一些短的和比较简单的问题。邮寄问卷应简单些并要给出详细的指导语。在计算机辅助访问（CAPI和CATI）[①] 中，可以实现较复杂的跳答和随机化安排问题，以减小由于顺序造成的偏差。
确定内容	调查问卷中的每一个问答题都应对所需的信息有所贡献，或服务于某些特定的目的。如果从一个问答题得不到满意的可以使用的数据，那么这个问答题就应该被取消。
决定结构	开放性问题是指被调查者用他们自己的语言自由回答，不具体提供选择答案的问题。开放性问题在探索性调研中很有帮助。封闭性问题则规定一组可供选择的答案和固定的回答格式。
其他事项	决定问题的措词、安排问题的顺序、确定格式和排版、拟定调查问卷的初稿、进行预调查、制成正式的调查问卷。

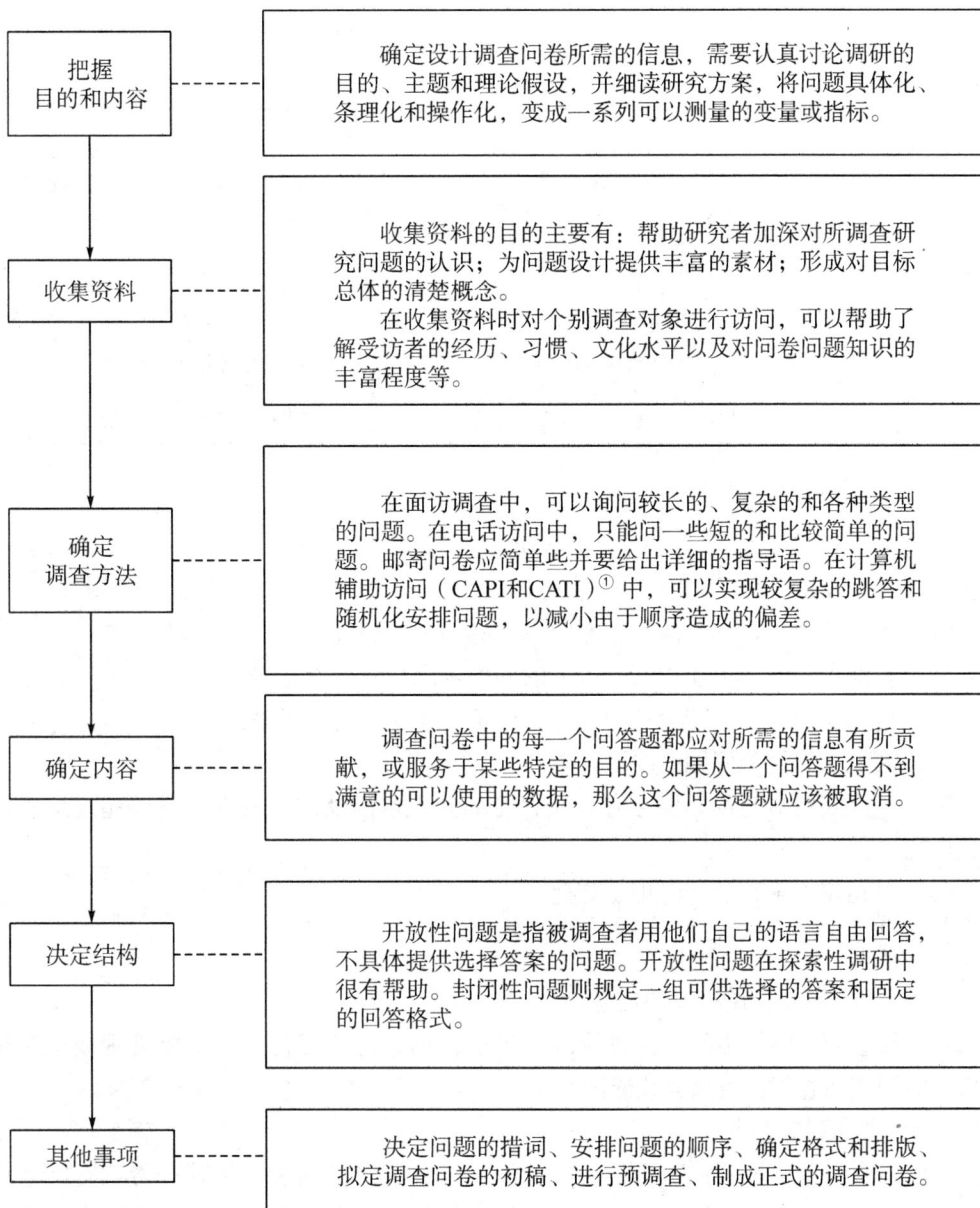

图 4.2　调查问卷设计的程序

（三）调查问卷问题设计的技巧

设计者可以根据实际需要设置事实性问题、意见性问题和困窘性问题等。事实性问题主要是要求应答者回答一些有关事实的问题。意见性问题，即态度调查问题。困窘性问题是指应答者不愿在调查员面前作答的某些问题，比如关于隐私的问题，或不

---

① CATI（Computer Assisted Telephone Interview），即计算机辅助电话访问，是将现代高速发展的通信技术及计算机信息处理技术应用于传统的电话访问所得到的产物；CAPI（Computer Assisted Personal Interviewing），即计算机辅助面访，与CATI的基础原理基本一致，区别主要在其表现形式较CATI丰富，如支持照片、图片等。

为一般社会道德所接纳的行为、态度，或属有碍声誉的问题（见表4.3）。

表4.3　　　　　　　　　　　　　　　问题类型与说明

问题类型	说明
事实性问题	事实性问题的主要目的在于求取事实资料。因此，事实性问题中的字眼定义必须清楚，让应答者了解后能正确回答。市场调查中，许多问题均属事实性问题，如应答者个人的资料（职业、收入、家庭状况、居住环境、教育程度等）。
意见性问题	意见性问题询问应答者一些有关意见或态度的问题。
困窘性问题	如果想获得困窘性问题的答案，又避免应答者作不真实的回答，可采用的方法有：间接问题法；卡片整理法；随机反应法；设置断定性问题，即在断定性问题之前加一条"过滤"问题；设置假设性问题。

（四）调查问卷的措辞语言

无论哪种调查问卷，措辞语言十分重要，要求简洁、易懂、不会令人产生误解。这在语言各个方面都有要求，具体如下：

（1）多用普通用语、语法，对专门术语必须加以解释。

（2）要避免一句话中使用两个以上的同类概念或双重否定语。

（3）要防止诱导性、暗示性的问题，以免影响应答者的思考。

（4）问及敏感性的问题时要讲究技巧。

（5）行文要浅显易读，要考虑到应答者的知识水准及文化程度，不要超过应答者的领悟能力。

（6）可运用方言，访问时更是如此。

三、评价标准

（一）问卷能否提供决策的信息

调查问卷的主要作用就是提供管理决策所需的信息，任何不能提供管理或决策重要信息的调查问卷都应被放弃或修改。

（二）考虑到应答者

一份调查问卷应该简洁、有趣、具有逻辑性并且方式明确。尽管一份调查问卷可能是在办公室里制作出来的，但它要在各种情景和环境条件下实施。设计调查问卷的研究者不仅要考虑主题和受访者的类型，还要考虑访问的环境和问卷的长度，使调查问卷适合于应答音。调查问卷的设计者必须避免使用专业术语和可能被应答者误解的术语。只要没有侮辱或贬低之意，最好是运用简单的日常用语。

（三）编辑和数据处理的需要

一旦信息收集完毕，就要进行编辑。编辑是指检查调查问卷以确保按跳问形式进行（如果有跳问的话），并且需要填写的问题已经填好。

（四）调查问卷服务于许多管理者

一份调查问卷必须具有以下功能：

（1）调查问卷必须完成所有的调研目标，以满足收集信息的需要。

（2）调查问卷必须以可以理解的语言和适当的智力水平与应答者沟通，并获得应答者的合作。

（3）对访问员来讲，调查问卷必须易于管理，可以方便地记录下应答者的回答。

（4）调查问卷必须有利于方便快捷地编辑和检查完成的调查问卷，并容易进行编码和数据输入。

（5）调查问卷必须可以转换为能回答起初问题的有效信息。

第二部分　实验设计

一、实验基本情况

（一）实验目的

通过实验教学，让学生了解调查问卷设计的原则，熟悉调查问卷设计的技巧，能够避免调查问卷设计的常见错误，能掌握初步的调查问卷设计组织与分析能力。

（二）环境用具

电脑、保险实验教学软件、网络连接、保险学术期刊、保险统计信息资料、保险公司基本信息。

（三）实验学时

2 学时。

（四）实验形式

分组讨论、案例分析、软件操作。

（五）实验重点

调查问卷设计原则、调查问卷设计常见错误、调查问卷设计技巧。

二、实验内容与教学组织

（一）调查问卷设计构思

（1）结合实验 3 保险市场调查方案制订，设计配套的调查问卷（也可以独立于实验 3）。

（2）按照调查问卷设计的原则、要求等评估和调整小组调查问卷构思，要求阐述调查问卷设计思路和依据。

（二）调查问卷设计实施

（1）指导学生登陆问卷星网站（http：//www．sojump．com/），熟悉该网站基本内容。

（2）将小组的调查问卷设计构思在问卷星网站实现。

（三）调查问卷发放与修正

（1）尝试通过问卷星网站或其他途径发放本小组调查问卷

（2）通过对发放及回收结果进行分析，找出原有设计的不足之处，并提出修正建议与措施。

【注意事项】

（1）调查问卷设计构思需要在上实验课之前就形成初稿，以节约实验时间。

（2）教师要对问卷星网站预浏览，熟悉其内容，保证其可用性。

【思考题】

（1）调查问卷设计的原则有哪些？

（2）哪些情况不需要用到调查问卷？

【参考文献】

［1］张洪涛，时国庆. 保险营销管理［M］. 北京：中国人民大学出版社，2005.

［2］肖晓春. 精细化营销［M］. 北京：中国经济出版社，2008.

第三部分　实验报告

一、实验报告总表

实验报告总表如表4.4所示：

表4.4　　　　　　　　　　　实验报告总表

<table>
<tr><td>实验编号
及实验名称</td><td colspan="5">实验4　调查问卷设计</td></tr>
<tr><td>分组编号</td><td>组长姓名</td><td></td><td colspan="2">组长学号</td><td></td></tr>
<tr><td>实验地点</td><td>实验日期</td><td></td><td colspan="2">实验时数</td><td>2学时</td></tr>
<tr><td>指导教师</td><td>同组其他成员</td><td></td><td colspan="2">评定成绩</td><td></td></tr>
<tr><td rowspan="5">实验内容及步骤</td><td>实验内容</td><td>教学形式</td><td>时间控制</td><td colspan="2">注意事项</td></tr>
<tr><td>调查问卷设计构思</td><td>分组讨论</td><td>20分钟</td><td colspan="2">尽量在实验课之前形成初稿</td></tr>
<tr><td>调查问卷设计的完成</td><td>分组讨论</td><td>40分钟</td><td colspan="2">通过问卷星（http：//www.sojump.com/）等网站，辅助完成设计</td></tr>
<tr><td>调查问卷发放与修正</td><td>分组讨论</td><td>20分钟</td><td colspan="2">尝试发放小组的调查问卷，做好回收工作，根据回收情况分析设计的合理性</td></tr>
<tr><td></td><td></td><td></td><td colspan="2"></td></tr>
</table>

表4.4(续)

实验总结	
教师评语	

二、实验操作与记录

（一）调查问卷设计构思

（1）通过调查问卷拟收集的信息主要如下：

（2）调查问卷发放渠道主要如下：

（3）调查问卷的目标受访者特征描述如下：

（4）其他注意事项如下：

（二）调查问卷设计实施

（1）请将小组登陆问卷星网站之后的操作过程进行简单描述。

（2）请将小组的调查问卷设计构思在问卷星网站实现的结果进行截图并保存。

（三）调查问卷发放与修正（上课时间有限，可以在课后继续完成）

（1）尝试通过问卷星网站或其他途径发放小组调查问卷，将发放及回收情况进行描述（200 字以内）。

（2）通过对调查问卷发放及回收结果进行分析，找出原有设计的不足之处，并提出修正建措施（300 字以内）。

【实验 4　附件】　调查问卷样本

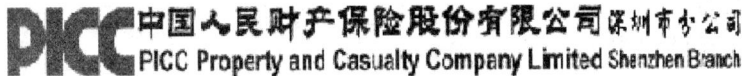

PICC　中国人民财产保险股份有限公司深圳市分公司
PICC Property and Casualty Company Limited Shenzhen Branch

校园方责任险风险调查/问询表

该调查表须在现场查勘的基础上认真填写，填写好后作为第 ＿PZCJ200644031607000001＿ 号校园方责任险的风险防范参考材料交保险人及被保险人审核。

学校名称：＿＿＿＿＿＿＿＿＿＿＿＿＿＿＿＿＿＿＿＿＿＿＿＿＿＿

详细地址：＿＿＿＿（市）＿＿＿＿（区）＿＿＿＿（街道）＿＿＿＿邮编：＿＿＿＿＿

联系人：＿＿＿＿＿＿　联系电话：＿＿＿＿＿＿＿　电子信箱：＿＿＿＿＿＿＿＿＿

1. 基本概况

1.1 学校类别：□大学　□高中　□初中　□小学　□幼儿园

1.2 成立时间：＿＿＿＿＿＿＿＿＿＿＿＿＿＿

1.3 总投资额：（折合人民币）＿＿＿＿＿＿＿元

1.4 学校规模：

占地＿＿＿＿＿＿平方米

学生总人数＿＿＿＿＿＿　教师总人数＿＿＿＿＿＿

年级（院系）数＿＿＿＿＿　班级总数＿＿＿＿＿＿

1.5 校园处于：　□河（海、湖、水库）边，相距＿＿＿＿＿米

□山坡上　□山脚下　□低洼处　□平原

1.6 校园的周围环境：

东：	距离	米	西：	距离	米
南：	距离	米	北：	距离	米

1.7 校园校门是否在交通主干道旁边：　□是　□否

1.8 建筑物及重要设施：

1.8.1　主建筑物＿＿＿＿栋，其中实验室＿＿＿＿个，锅炉房＿＿＿＿个

1.8.2　田径场＿＿＿＿个，面积＿＿＿＿平方米

　　　游泳池＿＿＿＿个，面积＿＿＿＿平方米

　　　篮球场＿＿＿＿个　排球场＿＿＿＿个

　　　羽毛球场＿＿＿＿个　网球场＿＿＿＿个

　　　其他场地＿＿＿＿个，用途＿＿＿＿＿＿＿＿

　　　＿＿＿＿＿＿＿＿＿＿＿＿＿＿＿＿＿＿＿

　　　＿＿＿＿＿＿＿＿（如有，请在此说明用途）

1.8.3　校巴＿＿＿辆　使用性质：自有＿＿＿辆　外租＿＿＿辆

每辆每天平均使用频率：往返_____次

车辆状况：五年以内_____辆　五年以上_____辆

2. 硬件设施

2.1 建筑物的使用情况：

名称或某层	使用年限	结构	占地面积（平方米）	高度（米或层数）	占用性质	灭火器材及设施	电气线路情况

说明：

第一，建筑物结构指钢筋混凝土结构（A）、钢结构（B）、砖砌/石头（C）、木材（D）、其他（E），请注明。

第二，建筑物的占用性质指办公楼（A）、教学楼（B）、体育场馆（C）、宿舍（D）。

第三，灭火器材及设施指手提灭火器（A）、手推灭火器（B）、室内消火栓（C）、室外消火栓（D）、火灾自动报警装置（E）、自动灭火装置（F）、畅通的消防通道（G）。

第四，电气线路情况指穿套保护套管（A）、装有可靠的保险装置（B）、乱拉乱接电线（C）、电线严重老化（D）。

2.2 避雷设施：无□　有□_____套

2.3 散热、排烟装置：无□　有□_____套

2.4 防火墙、门：无□　有□　耐火时间_____小时

2.5 实验室：_____个

是否使用危险品：无□　有□

危险品是否存放在独立的符合防火防爆要求的仓库内：□是　□否

主要危险品的名称及其燃烧性（易燃、可燃、难燃或不燃）：

名称：_____

燃烧性：_____

上年度最大存货量：_____　平均存货量：_____

2.6 锅炉台数：_____　类型：蒸汽□　热水□　其他□

燃料：□柴油　□煤　□其他

2.7 消防系统：

火灾探测（报警）系统：无□　有□

对特殊消防系统和火灾探测（报警）系统是否由专业人员定期进检测和维护：

□是　间隔时间_____天　□否

报警信号送至：警卫室□　控制中心□　其他□

现有消防设施有无通过验收：无□　有□

验收时间：____年____月　验收结果：合格□　不合格□

离学校最近的消防队距离：_____　反应速度：_____

2.8 防盗警报系统：无□　有□

红外线□　　录像监控□　　门磁□　　其他□_____

□监控摄像头　数量_____个

3. 管理制度

3.1 是否建立安全管理责任人制度：□是　□否

责任人：_____（姓名或职务）

3.2 门卫制度：

门卫人数_____　　学校员工□　保安公司□

巡逻　无□　有□　两次巡视之间间隔_____小时

记录　有□　无□

□出入大门登记制度　□夜间、公休日和节假日均有人值班

3.3 校舍安全检修制度：

是否定期对校舍、场地及校内设施定期检查维修　　　是□　否□

定期维修时间_____

3.4 宿舍管理制度：

是否有专门的管理员　　　　　　　　　　　是□　否□

宿舍区是否设有医务室　　　　　　　　　　是□　否□

宿舍区是否设有专门的贵重财产物品保险箱　是□　否□

3.5 校巴档案管理制度：

是否建立校巴的维修、保养记录　　　　　　是□　否□

对驾驶员作何要求_____

是否购买足够的机动车辆车上乘客责任保险　　限额_____万元

3.6 消防防火制度：

□每层楼配备完整的消防设施

□禁止吸烟和使用明火

□保持工作场所整洁

定期消防设施维护　□无　□有　书面记录　□无　□有

防火安全管理机构　□无　□有

防火安全责任制　　□无　□有

校内专职消防队　　□无　□有　队员人数_____

定期组织学生学习消防知识和进行消防演习　　　□无　□有

3.7 食品安全管理制度：

食堂营业性质　　□学校员工管理　□承包给校外人员管理

是否定期对食堂卫生作检查　是□　检查时间每____天/次　否□

3.8 与家长联系制度：

学校是否建立每个学生的父母或其他监护人的紧急联系方式的档案　□是　□否

3.9 紧急突发事件应急处理制度：

学校是否建立发生紧急突发事件的危机处理预案　　　□是　□否

是否经常演习　　是□　每＿＿月/次　否□

4. 学校开办以来发生的重大财产损失及人员伤亡情况

	日期	出险原因和情况	损失金额
1			
2			
3			
4			
5			
6			
7			
8			

投保人声明：

上述陈述及详细资料均属真实，未错报或隐瞒任何资料的实情。

投保人：　　　　　（签章）

年　月　日

第3章 目标市场选择与营销策划

实验5 目标市场选择

第一部分 目标市场选择基础知识

一、保险市场细分

（一）保险市场细分的定义

所谓保险市场细分，就是保险公司根据保险消费者的需求特点、投保行为的差异性，把保险总体市场划分为若干子市场，即细分市场的过程。每一个细分市场都是由需求大致相同的保险消费者群体构成的。因此，保险市场细分不是根据不同的险种细分市场，而是根据保险消费者需求的不同划分市场；不是将险种加以划分，而是将消费者加以划分。保险市场细分对保险营销工作具有重要作用（见图5.1）。

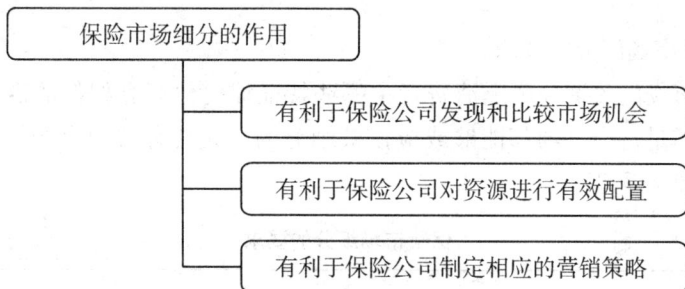

图5.1 保险市场细分的作用

（二）保险市场细分的依据

保险市场细分的程度有三种，即完全细分、单因素细分和多因素细分（见表5.1）。有时利用过多的因素只会增加用于覆盖这些细分市场的时间和费用。因此，在细分一个市场的时候，每位营销人员都必须分析具体情况，以确定需要考虑几个变量、哪几个变量（见图5.2）。

表5.1 保险市场细分的程度

程度	说明
完全细分	将每个消费者细分成一个单独的市场，细分后的子市场的总数量等于总体市场消费者的数量。

程度	说明
单因素细分	以对消费者需求影响最大的某个因素，如收入水平来细分一个市场。
多因素细分	利用两个或两个以上的影响因素来细分一个市场。

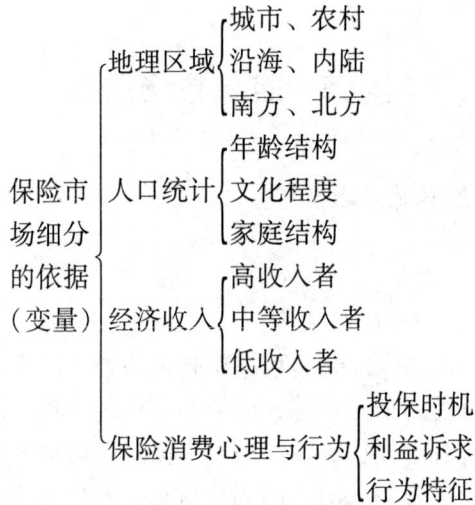

```
                              ┌城市、农村
                  地理区域 ┤ 沿海、内陆
                              └南方、北方
                              ┌年龄结构
保险市  人口统计 ┤ 文化程度
场细分              └家庭结构
的依据            ┌高收入者
（变量）经济收入 ┤ 中等收入者
                              └低收入者
                                        ┌投保时机
                  保险消费心理与行为 ┤ 利益诉求
                                        └行为特征
```

图5.2 保险市场细分的依据（变量）

（三）保险市场细分的要求

划分细分市场的关键是确定消费者中哪些特征促使他们有相似的需求或产生明显的购买行为。不是每个市场都能够或应该被细分的，成功有效的市场细分，必须符合一定的要求（见表5.2）。

表5.2 保险市场细分的要求

要求	说明
明显的共性	每个细分市场（子市场）必须有各自的构成群体、共同的特征和类似的购买行为。
可衡量性	子市场必须是可识别、可衡量的。作为细分市场标准的资料应该是能够得到的，子市场的人数、购买量及潜在购买能力应该是可以衡量的。
效益性	子市场必须在一定时期内具有稳定性，必须具备一定的市场潜力，能满足特定的利益诉求。
可接触性	子市场应该是保险公司的营销活动能够通达的、保险公司的商品或服务能够送抵的、保险公司的信息通过适合的媒体能够传达到的市场。

（四）保险市场细分的步骤

1. **市场调查**

保险市场细分首先要进行市场调查，掌握大量市场环境、消费者的购买行为、竞争情况的资料。为了收集充足的资料，达到精确地细分市场的目的，在进行抽样调查中，抽样的人数以较多为宜。调查的内容包括：

（1）对保险重要性的认识程度；

（2）保险公司的知名度；

（3）保险的投保方式；

（4）调查对象的人口特征、心理特征及宣传媒体等。

2. 分析资料

保险公司在收集了大量资料的基础上，了解到不同消费者的需求，分析可能存在的细分市场。在分析时，保险公司应考虑到消费者的地域分布、人口特征、购买行为等方面的情况。此外，保险公司还应根据自己的经营经验，进行估计和判断。确定细分市场所考虑的因素时，保险公司应分析哪些是重要的，然后删除那些对各个细分市场都是重要的因素。例如，保险费率低可能对所有潜在消费者都是很重要的，但是这类共同的因素对细分市场并不重要。

3. 细分市场

保险公司应根据有关市场细分的标准对保险市场进行细分后，根据各个细分市场消费者的特征，确定这些细分市场的名称。然后把各个细分市场与人口地区分布和其他有关消费者的特征联系起来，分析各细分市场的规模和潜力，以帮助选择目标市场。

保险市场细分程序如图 5.3 所示：

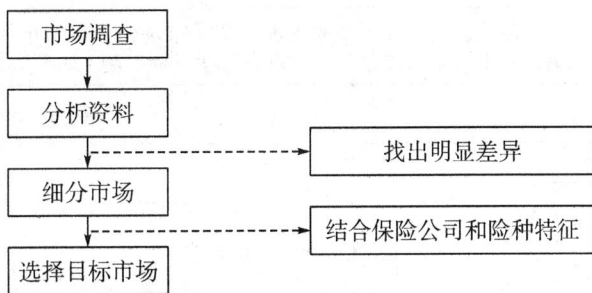

图 5.3　保险市场细分程序图

二、保险营销目标市场选择

所谓目标市场，是指在需求异质性市场上，保险公司根据自身能力所能满足的现有和潜在的消费者群体的需求；是指保险公司决定要进入的市场，准备为之提供保险服务的顾客群体。有了明确的目标市场，保险公司才可以提供适当的产品或服务及根据目标市场的特点制定一系列的措施和策略，实施有效的市场营销组合，即目标市场营销。

（一）评估细分市场

为了选择适当的目标市场，保险公司必须对有关子市场进行评估。保险公司评估细分市场主要从三方面考虑（见表 5.3）。

表 5.3   评估细分市场

评估项目	说明
市场规模和增长潜力	适当规模是相对保险公司的规模与实力而言的。市场增长潜力的大小也关系到保险公司销售和利润的增长，但是有发展潜力的市场也常常是竞争者激烈争夺的目标，这又减少了获利的机会。
子市场的吸引力	决定整体市场或细分市场是否具有长期吸引力的有五种力量：现实的竞争者、潜在的竞争者、替代产品、购买者、供应者。保险公司必须充分估计这五种力量对长期获利率所造成的威胁和机会。
保险公司本身的目标和资源	是否符合保险公司的长远目标；是否具备在该市场获胜所必要的能力和资源。

（二）目标市场营销策略

保险公司对细分市场评估之后，就要决定采取何种营销策略（见表 5.4 和图 5.4）。

表 5.4   保险公司可采取的目标市场营销策略

目标市场策略	说明
无差异性市场策略	保险公司只推出一种产品，将整个市场确定为该产品的目标市场，并为该产品设计单一的直接面向整个市场的营销组合。
差异性市场策略	保险公司针对每个细分市场的需求特点，分别为之设计不同的产品，采取不同的市场营销方案，满足各个细分市场上不同的需要。
集中性市场策略	保险公司选择一个或少数几个子市场作为目标市场，制订一套营销方案，集中力量为之服务，争取在这些目标市场上占有大量份额。

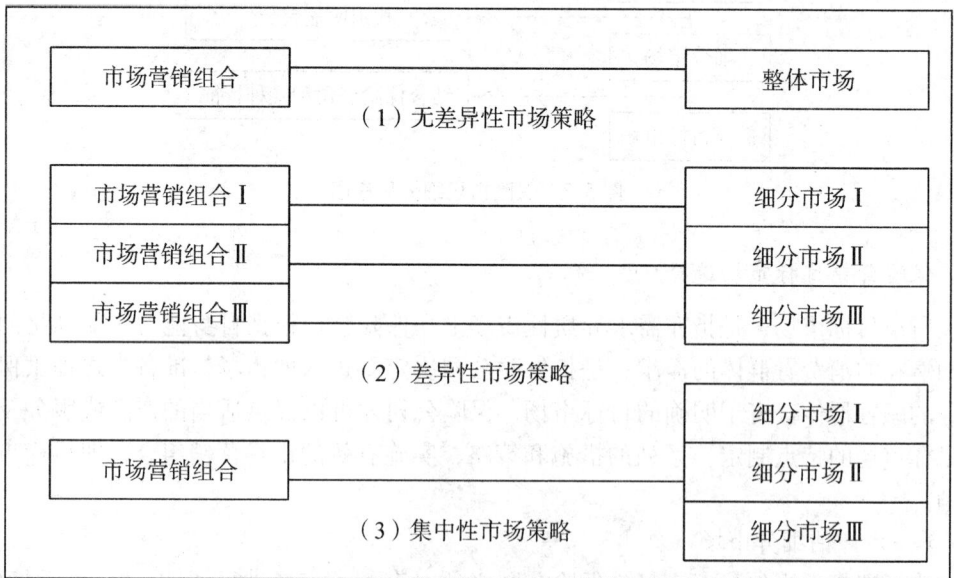

图 5.4 三种可供选择的目标市场策略

（三）目标市场选择的依据

上述三种目标市场策略各有利弊和适用范围，保险公司在选择目标市场策略时，必须全面考虑各种因素，权衡得失，慎重决策（见图 5.5）。

1. 保险公司的实力

一般来说，大型保险公司实力比较雄厚，人力、物力、财力资源比较充足，可以采用无差异性市场策略和差异性市场策略。中小保险公司由于缺乏实力，所以比较适用集中性市场策略。

2. 市场差异性的大小

市场差异性的大小是指市场是否"同质"。如果市场上所有顾客在同一时期偏好相同，对营销刺激的反应也相近，则可视为"同质市场"，宜实行无差异性营销策略；反之，如果市场需求的差异性较大，则为"异质市场"，宜采用差异性或集中性策略。

3. 保险产品生命周期

新产品在试销期和成长期较适合于采用集中性市场策略或无差异性市场策略，到了成熟期一般适合采用差异性市场策略和集中性市场策略。

4. 竞争对手状况

一般来说，保险公司的目标营销策略应该与竞争对手有所区别，反其道而行之。当竞争对手采用的是无差异性市场策略，则本保险公司应当采用差异性市场策略或集中性市场策略；当竞争对手已经采取了差异性市场策略，则本保险公司就不宜采用无差异性市场策略。

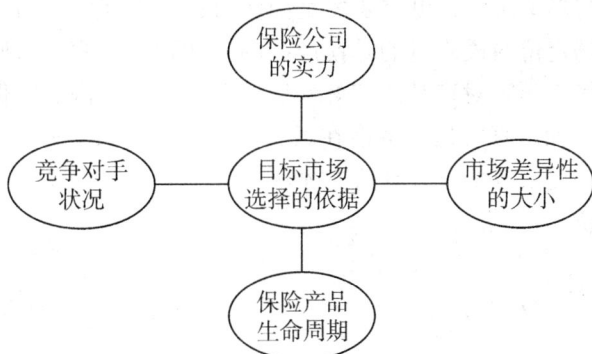

图 5.5　保险目标市场选择的依据

三、市场定位

（一）市场定位的概念

市场定位是指为某产品确定一个与竞争者及其产品相对的位置或市场地位，并整合营销策略来支撑这一地位。具体来讲，就是要在目标顾客的心目中为保险公司和险种创造一定的特色，赋予一定的形象，以适应消费者一定的需要和偏好。通过定位，保险公司可以进一步明确竞争对手和竞争目标；通过定位，保险公司可以发现竞争双方各自的优势和劣势。实质上，市场定位最终就是要设法建立一种竞争优势，以便在目标市场上吸引更多的顾客。

（二）市场定位的程序

一个完整的市场定位过程，通常由以下几个环节组成（见图5.6）：

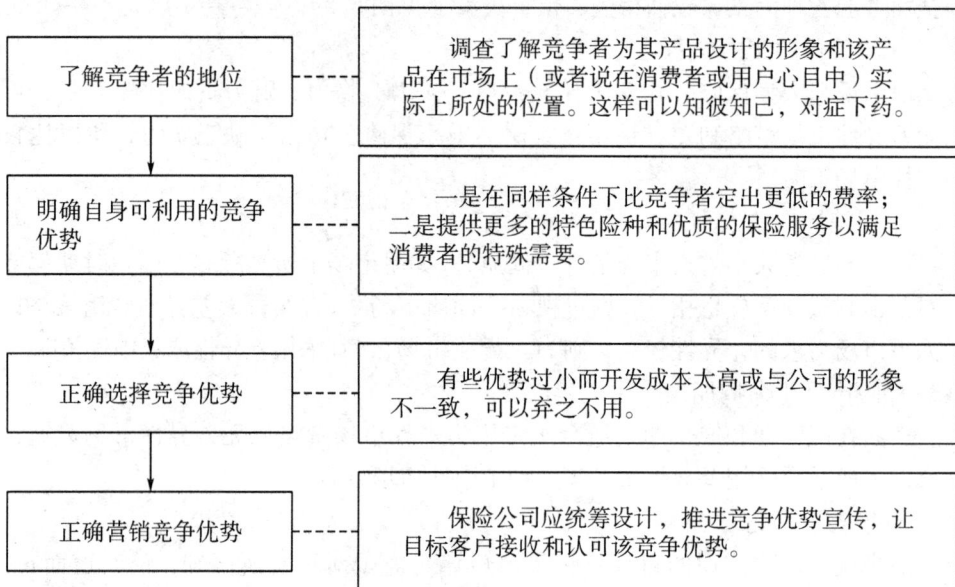

| 了解竞争者的地位 | 调查了解竞争者为其产品设计的形象和该产品在市场上（或者说在消费者或用户心目中）实际上所处的位置。这样可以知彼知己，对症下药。 |

| 明确自身可利用的竞争优势 | 一是在同样条件下比竞争者定出更低的费率；二是提供更多的特色险种和优质的保险服务以满足消费者的特殊需要。 |

| 正确选择竞争优势 | 有些优势过小而开发成本太高或与公司的形象不一致，可以弃之不用。 |

| 正确营销竞争优势 | 保险公司应统筹设计，推进竞争优势宣传，让目标客户接收和认可该竞争优势。 |

图 5.6　保险市场定位的程序

总之，市场定位应当是一个连续的过程，不应仅仅停留在为某个保险公司及其产品设计和塑造个性与形象阶段，更重要的是如何通过一系列营销活动把这种个性与形象传达给顾客。市场定位的最终目的是使产品的潜在顾客觉察、认同保险公司为产品所塑造的形象，并培养顾客对产品的偏好和引发购买行动。因此，保险公司在实施定位的过程中，必须全面、真实地了解潜在顾客的心理、意愿、态度和行为规律，提出和实施极具针对性的促销方案。只有这样才从真正意义上使保险公司或产品在市场上确定适当的竞争地位。

第二部分　实验设计

一、实验基本情况

（一）实验目的

通过实验教学，让学生理解目标市场选择的重要性，能够基本掌握市场细分的要点；能够结合本公司的实力、市场差异性的大小、竞争对手状况等来灵活选择自己的目标市场；能够明确自身的竞争优势，并加以利用。通过实验还要求学生能较好地运用实验条件，增强团队协作能力。

（二）环境用具

电脑、保险实验教学软件、网络连接、保险学术期刊、保险统计信息资料、保险公司基本信息。

（三）实验学时

2 学时。

（四）实验形式

分组讨论、案例分析、情景模拟。

（五）实验重点

目标市场选择与市场定位相结合。

二、实验内容与教学组织

（一）目标市场选择的重要性

（1）分组查找友邦保险、天平车险、中信保等公司的案例，理解目标市场选择的重要性。

（2）引导学生分析目标公司的相关数据，说明目标市场选择正确与否对公司的影响。

（二）市场细分的具体实施

（1）引导学生假设某保险公司的基本条件，分析该公司进行市场细分的目的。

（2）在已有的市场细分基础上，选择本公司适用的细分依据。

（3）能够对目标市场进行一定的分析和对比，明确细分的合理性。

（三）结合公司定位等因素进行目标市场选择

（1）在对目标市场进行对比分析的基础上，结合公司的定位、竞争情况、公司实力、消费者需求等因素筛选目标市场。

（2）将本次目标市场选择的决策过程形成分析报告。

【注意事项】

（1）教师要提前准备案例或案例资源链接、目标市场选择报告的写作模板等资料。

（2）目标细分和市场选择的公司内部资料很少，重点应该放在对外部数据和案例的分析上，要引导学生认真分析，不可空谈。

【思考题】

（1）市场细分的依据有哪些？

（2）如何衡量市场细分的效果？

（3）选择目标市场应该考虑哪些因素？

【参考文献】

［1］张洪涛，时国庆. 保险营销管理［M］. 北京：中国人民大学出版社，2005.

［2］肖晓春. 精细化营销［M］. 北京：中国经济出版社，2008.

第三部分　实验报告

一、实验报告总表

实验报表总表如表 5.5 所示：

表 5.5　　　　　　　　　　　　实验报告总表

实验编号及实验名称	实验 5　目标市场选择				
分组编号		组长姓名		组长学号	
实验地点		实验日期		实验时数	2 学时
指导教师		同组其他成员		评定成绩	
实验内容及步骤	实验内容	教学形式	时间控制	注意事项	
	目标市场选择的重要性	分组讨论案例分析	20 分钟	选择一个案例进行讨论	
	确定本公司市场细分的依据	分组讨论情景模拟	10 分钟	情景模拟合理，明确运用哪些依据比较好（可以选择真实公司）	
	对子市场进行比较	分组讨论	20 分钟	针对小组的细分结果讨论，不是对比整体市场	
	目标市场选择	分组讨论	30 分钟	要结合本公司的实力、竞争对手状况、本公司的定位等因素	
实验总结					
教师评语					

二、实验操作与记录

（一）目标市场选择的重要性

（1）本小组实验中选择的案例是：＿＿＿＿＿＿＿＿＿＿＿＿＿＿＿＿＿＿。

该案例介绍：_____

_____

_____

_____

（2）上述案例中，目标公司哪些指标或表现比较优秀：_____

_____

_____

上述指标或表现与其目标市场选择有何内在联系：_____

_____

_____

_____

_____

（二）市场细分的具体实施

（1）本小组模拟的保险公司情况简介：_____

_____

_____

_____

（2）本实验中选用哪些细分依据比较好，并请阐述理由：_____

_____

_____

_____

_____

_____

_____

_____

（3）细分的子市场有哪些，各有何特点：

子市场 1：_____特点：_____

_____

子市场 2：_____特点：_____

_____

子市场 3：_____特点：_____

_____

子市场 4：_____特点：_____

_____

子市场 5：_____特点：_____

_____

（三）结合公司定位等因素进行目标市场选择

本实验中目标市场选择考虑了哪些因素：_____

_____

_____

_____

_____

_____

_____

_____

（四）整理并撰写目标市场选择分析报告（由于实验时间限制，可以在课后完成）

实验 6　保险营销策划

第一部分　保险营销策划基础知识

保险营销策划是指保险公司、销售团队或保险营销员为推销某一保险产品，为实现既定的营销目标（即销售业绩）而制订的行动方案，并付诸实施的过程。一般的保险营销策划流程包括六个步骤：制订营销目标、建立营销策划组织、开展市场调研、制订营销方案、实施营销行动、评估行动效果等（见 6.1）。

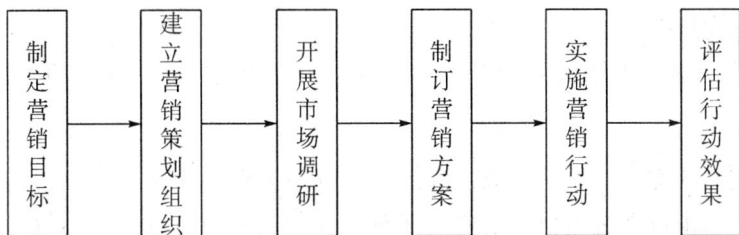

图 6.1　保险营销策划流程

一、制定营销目标

（一）营销目标的含义和内容

"目标"是指人们追求并期望在一定时期内所要达到的某种状况，或是预期实现的某一水平。对于企业而言，营销目标就是在一定的时期内，通过实施一系列的营销行动，想要实现的经营结果。保险公司的营销目标一般包括以下内容：

（1）销售总额目标。销售总额目标，即保费收入，是保险公司的营业收入，是企业经营的最关键指标。大部分的营销行动目标都是为了提高销售总额。

（2）销售增长目标。销售增长目标包括日、月、年度销售额的同期比或是环比增长率（额），只有实现正增长，才能体现经营体的发展和成果。

（3）市场占有率目标。所谓："知己知彼者，百战不殆。"在众多的保险企业中，每家保险公司想获得更多的市场份额，就要和同业相比，了解自身的市场地位，市场占有率体现了企业的市场竞争力。

（4）企业的盈利目标。盈利是营销行动的基本目的，是企业的最终目标。

（5）社会影响力。社会影响力包括保险产品的创新性、提高客户满意度、保险企业的知名度与美誉度等。

（二）目标确定的基本原则

（1）现实性。目标是在经过分析内外部环境后，根据企业的战略要求而制定的，要符合企业的发展要求，既不能高不可攀，也不能违背企业发展的方向。

（2）可测性。目标是可量化的数据，这样才能有效地进行检视和评估。

（3）层级性。目标可以是多个层级的，一般是按照重要性从高到低进行排序。

（三）营销目标的指标法

在保险公司管理中，常用的是关键绩效指标法（Key Performance Indicator，KPI）。确定关键绩效指标有一个重要的"SMART 原则"。"SMART"是 5 个英文单词首字母的缩写。

（1）"S"代表具体（Specific），指绩效考核要切中特定的工作指标，不能笼统。

（2）"M"代表可度量（Measurable），指绩效指标是数量化或者行为化的，验证这些绩效指标的数据或者信息是可以获得的。

（3）"A"代表可实现（Attainable），指绩效指标在付出努力的情况下可以实现，避免设立过高或过低的目标。

（4）"R"代表关联性（Relevant），指绩效指标是与上级目标具明确的关联性，最终与公司目标相结合。

（5）"T"代表有时限（Time bound），注重完成绩效指标的特定期限。

二、建立营销策划组织

任何营销活动都要由人来完成，因此建立营销策划组织是保证营销活动顺利进行的首要条件。营销策划组织是指企业内部对涉及营销策划业务活动而设计的相应职能部门和职位的结构形式、营销职能的组织工作及其与其他职能部门的协作关系，借以确保营销策划达到预期目标。营销策划组织可以依据每次策划主题的需要而设，具有临时性的特点，当本次营销策划项目任务完成，策划小组也相应解散。

保险营销策划组织一般在各管理部门进行抽调，包括总经理室、产品部门、企划部、市场部、客服部、销售管理部等。总经理室成员为领导组长，产品部门成员为策划总监，其他部门成员为小组成员。策划组织成员都需要经过精挑细选，既要有营销策划的经验，又要有创新精神，成员的素质将影响整个营销策划活动的成败。

具备条件的保险公司也可以组建固定的营销策划部门，由其牵头完成各项营销策划工作。

三、开展市场调研

市场上的保险经营主体日益增加，竞争相当激烈，且在产品费率自由化的情况下，各家保险公司都在想方设法提升自身在产品、费率、服务等方面的优势，让消费者能选择自己。每家公司的营销策划都属于商业秘密，都希望能在市场上吸引消费者的关注和认可。因此，对于即将推出的营销方案，做好营销环境的调研是至关重要的。市场调研一般包括以下四个部分：

（一）保险营销的外部环境

保险营销的外部环境包括宏观环境和微观环境。宏观环境指那些给保险公司造成市场机会和环境威胁的主要社会力量，包括人口环境、经济环境、自然环境、技术环境、政治和法律环境以及社会文化环境；微观环境指和保险公司紧密相连、直接影响保险公司为目标市场顾客服务的能力和效率的各种参与者，包括保险公司本身、保险中介人、被保险人、同业竞争者和社会公众。

（二）保险营销的内部环境

保险营销的内部环境包括保险产品的保险责任、服务水平，保险产品的目标顾客群定位，保险公司的经济实力、组织形式、销售组织架构、企业文化等。

（三）保险营销的市场需求

保险营销的市场需求主要是对消费者的保险需求进行分析，包括保险购买力，主要是针对消费者对保险产品的需求进行调查，如对各险种的保额要求、投保率以及对总销售量的预测；顾客购买心理，主要调查保险公司在公众中的形象，消费者对保险公司承保情况的反映，公众对保险公司宣传广告和公共关系的态度以及保险推销的效益等情况；客户的购买动机和行为，主要调查了解投保人的投保动机，是否存在道德风险。

（四）保险产品的调研

保险产品的调研包括保险产品的保险责任范围、保险期限、费率对于客户的可接受度；保险销售队伍（包括中介）的分布情况，可能对该产品的推广情况预测；促销手段的选择，电视广告、传单、网站、电话、微信等平台的选择；与同业同类产品的差别性与优劣势比较。

在取得调查资料信息后，营销策划组织需要对零散的、不系统的资料进行加工汇总、归类分析，使之系统化、条理化。营销策划组织可以利用 SWOT 分析方法对企业内部环境中的优势（Strength）与劣势（Weakness）、企业外部环境中的机会（Opportunity）与威胁（Threat）进行比较分析，扬长避短，寻找最佳营销决策，争取取得优异的销售业绩。

四、制订营销方案

营销方案是把整个营销策划行动以书面形式表达出来，内容必须完整，并且具备可行性，使上级部门看了知道营销组织为什么要做，下级部门看了知道怎么做，最终达到预期的目标。营销方案包括以下五部分内容：

（一）第一部分：营销方案纲要

纲要是对方案的各项内容进行简明扼要地概括，体现方案的本质要点，使阅读者在读完纲要之后，能够清楚了解本次营销行动的目标、参与人员、产品特色、策略、行动内容、预算、效果预测等核心内容。

（二）第二部分：营销目标

营销目标包括两个要素，一个要素是完成的时间，另一个要素是达到的指标。一般情况下，营销目标是量化的，即以定量的术语表达要某段时间内要实现的目标。营销目标往往不仅一个，而是涉及企业战略要求的 3~5 个重要指标，除了保费总收入外，还有市场份额、新增客户数、续保率、代理费用率、利润率等。目标一旦确定，就是营销团队为之奋斗的标准。例如，某保险公司某保险产品第一季度的保费总收入目标是 3 000 万元，这是一个单一的指标。

（三）第三部分：营销策略

营销策略是指达到目标的途径和手段，包括目标市场的选择、市场定位、营销组合策略等。目标市场是公司准备服务于哪个或哪几个特定的细分市场。市场定位是公司选择目标市场的行为，营销组合是公司准备在各个细分市场上采取哪些具体的营销策略。营销策略一般包括价格策略、广告策略、分销渠道、服务策略、公关策略、促销策略等。

（四）第四部分：行动方案

行动方案就是围绕目标，根据制定的策略，制定具体的工作环节和保障措施。行动方案必须具体细致，在每个环节安排什么人做什么事，以使计划得以落实。行动方案包括以下六个方面的内容：

（1）"Why"：为什么制订本营销方案。

（2）"What"：本营销方案达到的目标。

（3）"When"：本营销方案实施的时间段。

（4）"Where"：本营销方案适用的范围。

（5）"Who"：本营销方案由谁负责执行。

（6）"How"：本营销方案采取什么方式和手段。

（五）第五部分：资源投放预算

为实现公司资源的合理利用，营销策划小组需对营销计划进行成本效益分析。通过对产品定价、销售总额、赔付预测、销售费用投放、固定费用分摊、利润等项目进行预测和充分分析，确定营销计划是否可行。只有在有一定利润的情况下，该计划才能付诸行动，对公司才是有价值的。

五、实施营销行动

实施营销行动指的是营销方案实施过程中的组织、指挥、控制和协调活动，是把营销方案转化为具体行动的过程。企业必须根据营销方案的要求，分配企业的各种资源，处理好企业内外的各种关系，加强领导，提高执行力，把销售方案的内容落到实处。在实施执行过程中，各部门应积极配合协调，对突发事件或发生的差错进行及时纠正和正确应对，以确保整合营销计划顺利执行，实现预期的目标。

六、评估行动效果

营销行动实施以后，应对实施效果进行评估，即将预期目标与现实中的实际结果进行比较，从而对营销效果进行评价。

第二部分　实验设计

一、实验基本情况

（一）实验目的

保险公司的营销策划是企业运作的核心环节，每个策划行动的成败将影响到公司的整体发展。保险产品的更新换代非常快，新产品的推陈出新成为保险公司的常规动作，掌握营销策划的方法是保险管理人员的必备技能。通过实验教学，使学生了解、熟悉保险营销策划的基本流程和方法，包括营销目标的确定、建立营销策划组织、开展市场调研、制订营销方案、实施营销行动、评估行动效果等环节。通过案例的演练，使学生熟悉各环节的具体工作内容，并学会应用相关的工具。

（二）环境用具

电脑、网络链接、展板、纸张、钢笔等。

（三）实验学时

2 学时。

（四）实验形式

分组讨论、角色扮演。

（五）实验重点

保险营销策划的流程。

二、实验内容与教学组织

（一）营销策划实验准备

（1）将学生分组，每个小组为一个营销策划组织，每组 4~6 人。

（2）各小组自行寻找案例或者进行情景模拟，并介绍材料情况。

（3）组织学生学习、讨论材料内容。

（二）进行 SWOT 分析

（1）小组内讨论，对提供的市场调查信息进行归类分析。

（2）制作 SWOT 分析表。

（3）按照分析结果提出策划决策意见。

（三）制作营销方案

（1）第一部分：营销方案纲要。

（2）第二部分：营销目标。

（3）第三部分：营销策略。

（4）第四部分：行动方案。

（5）第五部分：资源投放预算。

【注意事项】

（1）准备参照材料，例如，针对某保险公司准备上市的"个人账户资金损失保险"，制订一个营销策划方案。

（2）认真分析市场调查信息。

（3）针对产品的特征，瞄准目标市场，找准销售渠道，制定分销策略和广告策略是关键。

【思考题】

（1）如何应对企业的内部劣势和外部威胁，如何进行补救或回避。

（2）如何结合产品的特征，确定销售策略。

（3）在行动方案的制订上，应如何合理分工，并充分调动各合作部门的积极性。

【参考文献】

[1] 方有恒，郭颂平. 保险营销学 [M]. 上海：复旦大学出版社，2013.

[2] 孟韬. 市场营销策划 [M]. 大连：东北财经大学出版社，2011.

[3] 章金萍、李兵. 保险营销实务 [M]. 北京：中国金融出版社，2012

[4] 唐金成. 现代保险市场营销 [M]. 北京：清华大学出版社，2012.

第三部分　实验报告

一、实验报告总表

实验报告总表如表6.1所示：

表 6.1　　　　　　　　　　实验报告总表

实验编号及实验名称	实验6　保险营销策划				
分组编号		组长姓名		组长学号	
实验地点		实验日期		实验时数	2 学时
指导教师		同组其他成员		评定成绩	
实验内容及步骤	实验内容	教学形式	时间控制	注意事项	
	案例或情景模拟	讲授 分组讨论	15 分钟	采用真实案例或者假设案例	
	SWOT 分析	分组讨论 情景模拟	30 分钟	能结合具体信息（该信息可以部分假设），不可空谈	
	营销方案制作	分组讨论 角色扮演	35 分钟	按照营销方案模板，注意要素完整	
实验总结					

表6.1(续)

教师评语	

二、实验操作与记录

（一）营销策划实验准备

请描述本小组自行寻找的案例或者模拟的情景。

_____

_____

_____

_____

_____

（二）进行 SWOT 分析

制作 SWOT 分析表，并绘制如下：

（三）制作营销方案

（1）第一部分：营销方案纲要。

_____

_____

_____

（2）第二部分：营销目标。

_____

_____

_____

（3）第三部分：营销策略。

_____

_____

_____

（4）第四部分：行动方案。

_____

_____

_____

_____

_____

_____

_____

（5）第五部分：资源投放预算。

_____

_____

_____

_____

【实验6　附件】参考材料

1. 情景假设

随着银行业的发展，大家都放弃了现金的保存方式，基本上钱包里就剩下卡了。各种卡的存在给大家提供了很多方便的同时，也带来了一些麻烦，经常听到人会丢失银行卡或者账户被盗而导致了经济损失。在这种情况下，个人账户资金损失保险应运而生，这是一种专门针对个人账户资产安全设计的保险。个人账户资金损失保险的保障范围是个人名下账户的资金安全，只要是用身份证开设的个人资金账户，都在这个保险的保障范围。比方说各大银行的借记卡、信用卡、网银账户、支付宝等第三方账户，只要是私人资产，都在保障范围内。一旦出现丢失被盗或者遗忘等情况，都可以通过个人账户资金损失保险拿到相应的赔偿。某公司的"个人账户资金损失保险"即将上市，请你针对"个人账户资金损失保险"的推广制订一个营销策划方案。

2. 市场调研情况

（1）企业具有较高的品牌知名度。

（2）企业产品研发能力强，市场敏感度强。

（3）营销策划能力强。

（4）领导管理能力强。

（5）负责银行渠道的团队比较松散，对银行的掌控度较弱。

（6）同业主体多，竞争非常激烈。

（7）个别同业的市场敏感度很强，同类产品的开发周期短。

（8）国民的银行卡持卡数不断增加，媒体报道的资金被盗案例不断出现。

（9）企业的信息技术（IT）部门人手有限，系统开发速度较慢。

（10）同业的同类产品价格高，客户接受度差。

（11）监管部门鼓励保险公司进行产品创新。

（12）企业的网销平台建设领先于同业，客户点击率高，业绩可人。

（13）公司的个人客户业务市场占有率达到 20% 以上。

（14）市场上目前有一种同类产品。

（15）本产品定价低于同业 15% 左右。

第 4 章　保险产品开发与定价

实验 7　保险产品开发

第一部分　保险产品开发基础知识

一、保险产品概念、特征和分类

（一）保险产品的概念

广义的产品也称商品，包括物质形态的产品和非物质形态的服务。消费者购买某种产品，不仅仅得到该产品的物质实体，还通过购买该产品来获得某方面利益的满足。产品的整体概念包括核心产品、形式产品和延伸产品。保险产品是保险人以市场需求为导向开发的，并提供给市场，满足消费者转嫁风险、补偿损失等需要的服务承诺。保险产品同样包含三个层次（见图 7.1）。

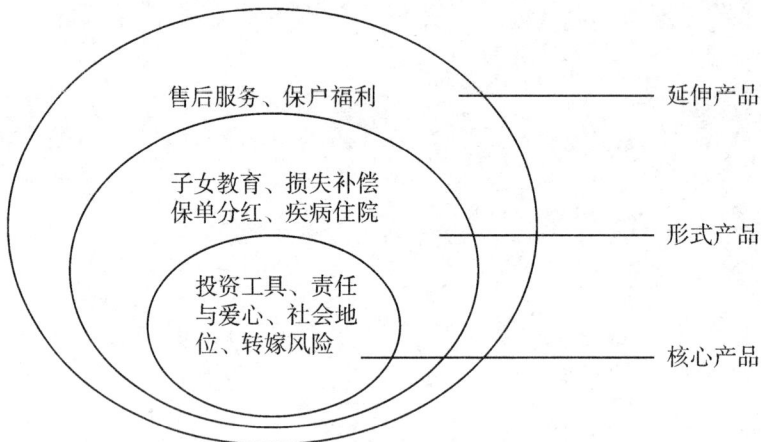

图 7.1　整体保险产品示意图

核心产品是产品整体概念中最基本、最主要的层次，是消费者购买产品的目的所在，是消费者追求的效用和利益。为了让客户能够获得核心产品的服务需设立服务系统和服务项目，如人寿保险的服务形式可以为消费者提供生活保障、子女教育费用、养老费用、伤残费用、保险单分红和住院医疗费用等功能。保险产品这些服务的不同组合，能满足消费者的不同需求。延伸产品也称附加产品，是消费者在购买保险产品时所获得的各种附加利益的总和，能满足消费者的更多需要。

（二）保险产品的特征

保险产品也和其他产品一样，必须符合消费者个人的购买意愿，才会产生需求。但是保险产品又确实与其他产品不同，具有其特殊性（见图 7.2）。

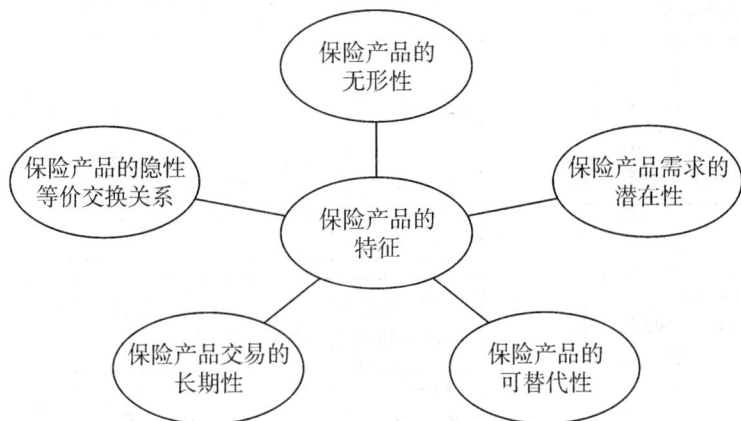

图 7.2　保险产品的特征

（三）保险产品的分类

1. 财产保险产品

广义的财产保险产品包括所有为物质财产及相关利益提供保障的保险产品或险种。例如，各种财产保险、责任保险、信用与保证保险等。狭义的财产保险一般只包括火灾保险、海上保险、货物运输保险、运输工具保险、工程保险、科技保险、农业保险等。

2. 人身保险产品

人身保险产品是为人的寿命和身体提供保险保障的保险产品或险种。传统的人身保险产品主要包括人寿保险、人身意外伤害保险、健康保险。由于分红保险、投连保险、万能保险等在目前占据极大的保费收入份额，日益得到重视，这一类险种被统称为新业务或新型寿险。严格来讲，新型寿险本质上还是属于人寿保险的范畴，只是其预定利率不再固定而已，这一点与国外利率变动型产品相似。

以上保险产品的分类主要是依据保障标的物不同而区分，除此之外还可以用其他依据进行区分。例如，依据购买者身份来区分的个险与团险，依据立法来区分的商业险和法定险等。保险公司甚至可以依据渠道来对产品进行区分，如个险、银保、电销、网销等渠道专属产品。熟悉产品分类可以加深对于产品的理解，有利于在保险产品开发与设计中拓展思维。

二、保险产品开发的原则与策略

保险产品开发是指保险公司根据保险目标市场的需求，在市场调查的基础上，组织设计保险新产品及改造保险旧产品等活动的过程。保险产品开发是实现保险公司经营目标的手段，是保险公司经营的起点。

（一）保险产品开发的原则

保险产品开发的原则如图 7.3 所示：

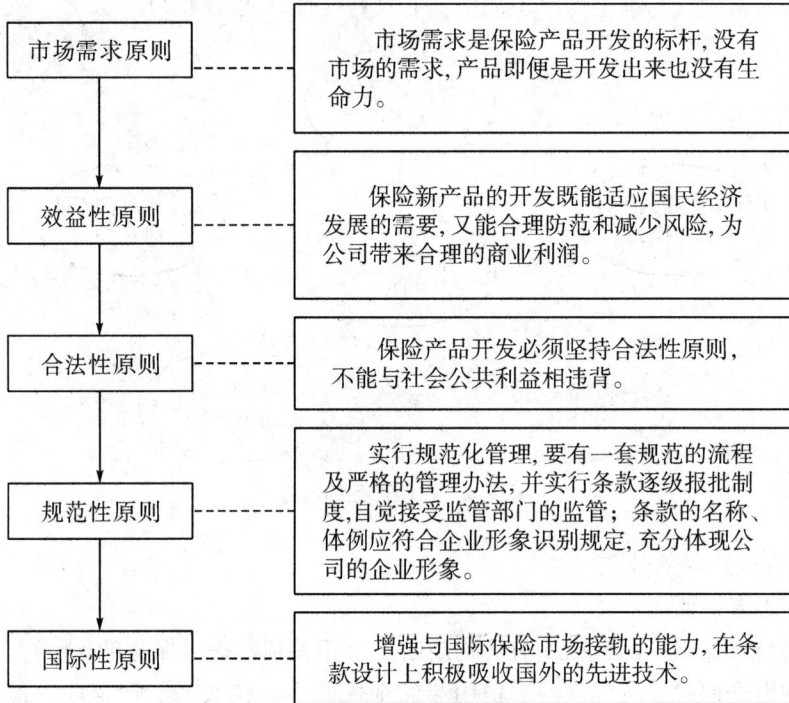

```
┌──────────────┐          ┌─────────────────────────────────┐
│  市场需求原则  │----------│   市场需求是保险产品开发的标杆，没有│
└──────┬───────┘          │市场的需求，产品即便是开发出来也没有生│
       │                  │命力。                            │
       ▼                  └─────────────────────────────────┘
┌──────────────┐          ┌─────────────────────────────────┐
│  效益性原则    │----------│   保险新产品的开发既能适应国民经济  │
└──────┬───────┘          │发展的需要，又能合理防范和减少风险，为│
       │                  │公司带来合理的商业利润。            │
       ▼                  └─────────────────────────────────┘
┌──────────────┐          ┌─────────────────────────────────┐
│  合法性原则    │----------│   保险产品开发必须坚持合法性原则，  │
└──────┬───────┘          │不能与社会公共利益相违背。          │
       │                  └─────────────────────────────────┘
       ▼                  ┌─────────────────────────────────┐
┌──────────────┐          │   实行规范化管理，要有一套规范的流程│
│  规范性原则    │----------│及严格的管理办法，并实行条款逐级报批制│
└──────┬───────┘          │度，自觉接受监管部门的监管；条款的名称、│
       │                  │体例应符合企业形象识别规定，充分体现公│
       │                  │司的企业形象。                    │
       ▼                  └─────────────────────────────────┘
┌──────────────┐          ┌─────────────────────────────────┐
│  国际性原则    │----------│   增强与国际保险市场接轨的能力，在条│
└──────────────┘          │款设计上积极吸收国外的先进技术。    │
                          └─────────────────────────────────┘
```

图 7.3　保险产品开发的原则

（二）保险产品开发的策略

保险产品开发策略是指保险产品开发的方法和途径，集中体现着保险公司的业务经营战略，是保险公司经营策略的重要构成部分。保险公司在产品开发时可以根据现实条件采用不同的技术策略、组合策略、组织策略、时机策略（见图 7.4）。

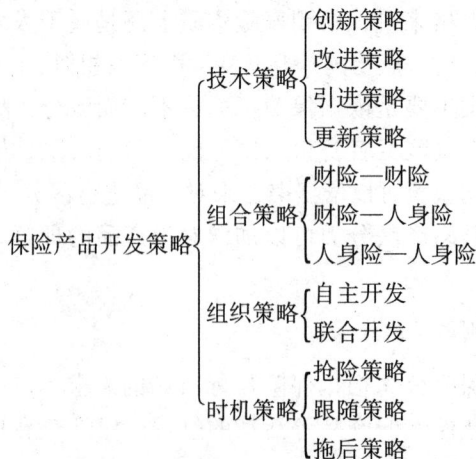

```
                              ┌ 创新策略
                              │ 改进策略
                  技术策略 ┤
                              │ 引进策略
                              └ 更新策略

                              ┌ 财险—财险
                  组合策略 ┤  财险—人身险
保险产品开发策略 ┤            └ 人身险—人身险

                              ┌ 自主开发
                  组织策略 ┤
                              └ 联合开发

                              ┌ 抢险策略
                  时机策略 ┤  跟随策略
                              └ 拖后策略
```

图 7.4　保险产品开发的策略

三、保险产品开发的程序

保险产品开发的程序有构思、构思筛选、新险种测试、新险种开发设计、试销与推广、商品化。

（一）构思

构思是对未来保险产品的基本特征的构想，是新产品开发的起点。这些构思可以通过各种途径和方法获得（见表 7.1）。

表 7.1　　　　　　　　　　　保险产品开发构思的基本方法

基本方法	含义
客户期望法	对市场上所关心、期望甚至急需的风险防范事项进行研究，开发能够唤起消费者需求的保险产品。
增减保险责任法	将现有保险产品的保险责任，结合市场情况进行增减，从而产生新险种。
产品组合法	利用多种思维方法将现有产品进行横向、纵向、交叉等组合，以创造出适合市场需求的产品。
专家意见法	邀请保险、营销等方面的专家进行座谈，就现有产品的市场适应性及市场发展趋势等问题进行深入探讨，从中发现有价值的创意。
竞争启发法	从竞争者已推出的产品和国外同类产品中得到启发，形成新险种的构思。

（二）构思筛选

新产品的构思可以富有创意，多种多样，但并不是每一构思都能为保险公司所用，保险公司还要根据自身的资源、技术和管理水平，按照一定的标准进行筛选（见图 7.5）。

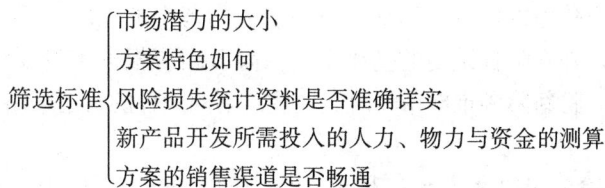

$$
筛选标准 \begin{cases} 市场潜力的大小 \\ 方案特色如何 \\ 风险损失统计资料是否准确详实 \\ 新产品开发所需投入的人力、物力与资金的测算 \\ 方案的销售渠道是否畅通 \end{cases}
$$

图 7.5　保险产品构思筛选标准

（三）新险种测试

1. 进行新险种试制

将创意或构思转化为试制性的新产品，也就是设计出试行的保单雏形。其中，要特别突出投保人员关心的问题，如保障对象、保险责任、责任免除、保险费率、交费方法等，以便向客户征求意见。

2. 展开典型调查活动

针对试行的保单邀请相关的客户参与讨论，请客户对该新险种进行评价。

3. 市场潜力预测

对新险种的预计销售额、成本和利润等因素进行分析，判断新险种是否符合企业目标和营销战略。

4. 方案的最终确定与完善

管理和设计人员要再一次认真研究顾客的评价与反馈信息，对新险种的开发进行最终的确定。如果结论是可行的，就将进入新险种开发和销售等实质性阶段。

（四）新险种开发设计

一般来说，一个好的产品设计至少应包括四方面的内容：险种的基本属性设计、险种的结构设计、险种的品牌设计以及险种的形象和包装设计（见图 7.6）。

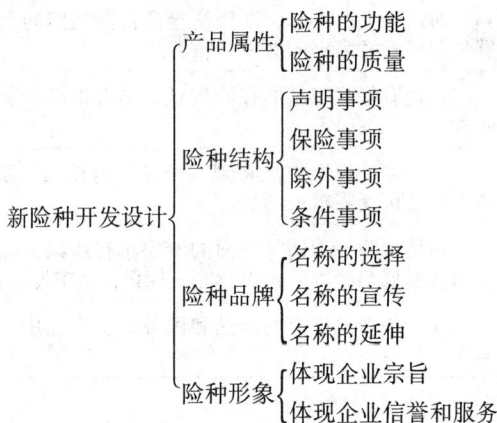

新险种开发设计
- 产品属性
  - 险种的功能
  - 险种的质量
- 险种结构
  - 声明事项
  - 保险事项
  - 除外事项
  - 条件事项
- 险种品牌
  - 名称的选择
  - 名称的宣传
  - 名称的延伸
- 险种形象
  - 体现企业宗旨
  - 体现企业信誉和服务

图 7.6 新险种开发设计的内容

（五）试销与推广

新险种设计出来后，可在一定范围内进行试销，以求得潜在客户、营销人员、市场潜力等方面反馈的有价值的信息。例如，要在多大的范围的保险市场上销售、用什么方法开展市场营销等。在新险种试销的基础上，保险公司应根据市场反馈的情况，修改或重新制订营销策略。将新险种推向市场时，应注意不同险种的营销策略在实施时的差别。

（六）商品化

通过试销，保险公司要考虑新产品正式成为商品推向市场的问题。在制定正式推出决策时，必须考虑针对已选定的目标市场决定推出的时机、推出的地域、推出的预期目标客户、导入市场的方法等。

1. 推出的时机

在新产品正式上市时，进入市场的时机的选择是个关键问题。保险公司在推出新产品时会面临三种选择：

（1）先期进入。一般情况下，首先进入市场的保险公司通常会得到好处，如掌握了主要的客户群和较高的声誉。但是也应该看到，如果该险种未经过仔细的评估就匆匆上市，会使公司的形象受到影响。

（2）平行进入。保险公司如果知道竞争对手急于进入市场，可以采取同样的方式进入市场，以便与竞争对手共享好处；如果知道竞争对手不急于进入市场，也可以这样做，从而利用上市前的时间来改进产品。保险公司这样做的目的是使新险种上市的促销费用由双方共同承担。

（3）后期进入。保险公司可有意推迟进入市场，等竞争对手进入市场后再进入。采取这种方法的好处有：第一，竞争对手已为开拓市场付出了营销费用；第二，竞争对手的险种可能暴露出缺陷，而后期进入者则可以避免；第三，保险公司可以进一步了解市场规模。

2. 推出的地域

新险种正式上市时应考虑地域范围，即是在当地市场还是在某些地区市场、是在国内市场还是在国际市场、是在城市市场还是在农村市场推出该新险种，因为不同地域的风险是不同的。一般来说，新险种设计出来后，应先在小区域内推广，然后再推向其他地区乃至全国。保险公司应首先选择具有吸引力的地区将新险种推向市场。具有吸引力的地区是指具备下列条件的地区：第一，有一定市场潜力，销售量可观；第二，在该市场上无竞争对手或竞争对手力量弱；第三，保险公司在当地的信誉较高；第四，该地区营销成本低、营销渠道畅通。

3. 推出的预期目标客户

通过试销，保险公司可掌握主要潜在的消费者群。保险公司应将其营销渠道和营销活动集中于最佳的潜在消费者范围。例如，保险公司推出中、小学生平安保险时，其目标市场就是中、小学生的家庭，销售渠道的选择为教育局和各中、小学校。这样做，保险公司就能够获得较高的销售额，并能吸引其他的新的潜在消费者。

4. 导入市场的方法

如何推出新险种在新险种上市之前应进行详细的计划，对各营销组合因素进行预测，并列出各项活动的步骤及方法。不同险种或不同目标市场，其上市的计划也不一样。为了对推出新险种的各项活动更好地排列顺序，可采用各种网络规划技术，如关键路线排列法。

第二部分　实验设计

一、实验基本情况

（一）实验目的

通过实验教学，让学生了解保险开发的流程、注意事项等知识，能够在市场调研的基础上，结合保险公司的发展战略、目标市场等因素开发出符合要求的保险产品。

（二）环境用具

电脑、保险实验教学软件、网络连接、生命表、保险产品汇编、保险费率手册等资料。

（三）实验学时

2 学时。

（四）实验形式

分组讨论、情景模拟。

（五）实验重点

保险产品开发流程。

二、实验内容与教学组织

（一）保险产品构思的形成

（1）引导学生考虑保险产品构思的来源。

（2）综合监管要求、公司发展战略、市场需求、同业情况、业务人员意见等因素，提出初步的保险产品构思。

（二）保险产品初步方案设计与完善

（1）初步拟定保险产品的名称、条款、费率、现金价值、红利水平等内容。

（2）引导学生掌握保险产品设计各个环节的注意事项或关键点。

（三）保险产品测试与上市

（1）将保险产品进行测试，推演其测试过程中可能出现的情况，并提出相应的备用方案。

（2）能够对产品的相应支持及配合部门的要求考虑完整，保证产品推广的可行性。

【注意事项】

（1）在保险产品定价检验等环节要切实督促学生进行计算与推测。

（2）在保险产品测试环节要引导学生思考可能出现的测试结果。

（3）在情景模拟中，如果学生模拟的产品是产险产品，则现金价值、红利水平、生命表等内容要随之调整。

（4）上课时间有限，因此只要求产品开发的流程完整，对各步骤的详细内容一般不做要求，如条款。

【思考题】

（1）保险产品开发一般包括哪些步骤？

（2）保险产品构思的主要来源有哪些？

（3）保险产品设计开发的各个环节应该注意哪些问题？

【参考文献】

［1］张洪涛，时国庆. 保险营销管理［M］. 北京：中国人民大学出版社，2005.

［2］康拉德·贝伦森，等. 新产品开发［M］. 2版. 游世雄，朱晋晶，译. 北京：中国人民大学出版社，2003.

［3］张帆. 产品设计开发程序与方法［M］. 北京：北京理工大学出版社，2008.

［4］卡尔·T. 犹里齐，斯蒂芬·D. 埃平格. 产品设计与开发［M］. 4版. 杨德林，译. 大连：东北财经大学出版社，2009.

［5］李凯. 保险产品的开发与管理流程分析［J］. 中国管理信息化，2012（12）.

第三部分　实验报告

一、实验报告总表

实验报告总表如表 7.2 所示：

表 7.2　　　　　　　　　　　　　　实验报告总表

实验编号及实验名称	实验 7　保险产品开发				
分组编号		组长姓名		组长学号	
实验地点		实验日期		实验时数	2 学时
指导教师		同组其他成员		评定成绩	
实验内容及步骤	实验内容	教学形式	时间控制	注意事项	
	保险产品构思	分组讨论	20 分钟	兼顾监管要求、公司战略、市场需求、同业情况、业务人员意见等	
	保险产品设计	分组讨论	30 分钟	提出初步的产品方案，包括条款、费率、现金价值、红利水平等	
	保险产品完善	分组讨论	10 分钟	对保险产品的设计过程进行检查	
	保险产品测试与上市	分组讨论	20 分钟	确定试点区域、宣传、培训等，并对可能出现的情况提出备用方案	
实验总结					
教师评语					

二、实验操作与记录

（一）保险产品构思的形成

（1）请列举保险产品构思的来源。

来源①：_____

_____

来源②：_____

_____

来源③：_____

_____

来源④：_____

_____

来源⑤：_____

_____

（2）本小组的保险产品的构思来源。

来源描述：_____

_____

本产品构思"创新"之处主要有：_____

_____

_____

_____

_____

_____

（二）保险产品初步方案设计与完善

（1）初步拟定保险产品的名称、条款、费率、现金价值、红利水平等内容。请按照一般保险合同的主要内容进行描述（框架完整即可，不要求非关键内容）。

_____

_____

_____

_____

_____

_____

_____

_____

_____

（2）本产品开发时应该特别注意的事项。

（三）保险产品测试与上市

（1）本产品在实际推广中可能发生的主要不利结果。

_____

_____

_____

_____

_____

_____

（2）本小组有无备选方案应对上述不利结果。

_____

_____

_____

_____

_____

_____

_____

_____

实验 8　保险产品定价

第一部分　保险产品定价基础知识

一、保险费、保险价格和保险产品定价

（一）保险费、保险价格和保险产品定价的定义

保险费是投保人按一定的保险条件，为取得保险人的保障，向保险人缴付的费用。按合同约定缴纳保险费是保险合同生效的重要前提条件。

保险价格也称保险费率，是保险人按单位保险金额，向投保人收取保险费的标准，即收取的保费与提供的保险金额之间的比率，一般用千分比或万分比来表示。例如，财产保险综合险每千元保险金额收取保险费 2 元，用千分号表示为 2‰，即 2‰为保险价格。保险费率及其厘定比较特殊（见图 8.1）。

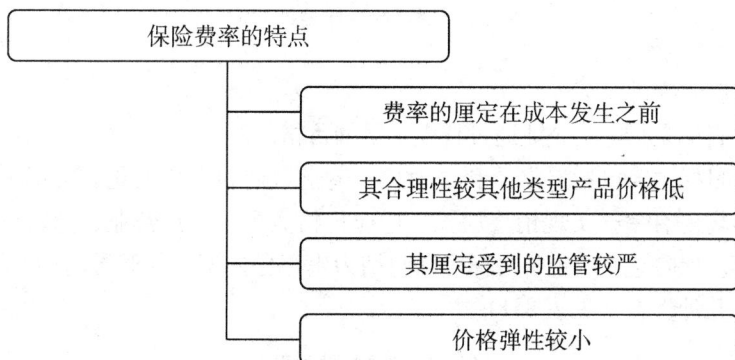

图 8.1　保险费率的特点

保险产品定价简称保险定价，也称保险费率厘定，是指保险人在保险产品开发过程中，依据保险标的所面临风险的规律性（财产保险主要指损失概率、人身保险主要指死亡率等）、保险公司经营费用及经营状况、保险市场供求状况等因素而确定单位保险金额所应收取的保险费的行为。

（二）保险费的构成

保险费由纯保费和附加保费构成（见图 8.2），对应的保险价格（保险费率）由纯费率和附加费率构成。

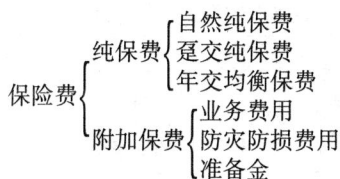

图 8.2　保险费的构成

纯费率是根据财产平均损失率或人口死亡率等确定的。根据纯费率计算的保险费用于对正常损失进行赔偿或给付。附加费率是指一定时期的经营费用总额与保险金额的比率。以财产保险为例，财产保险保险费率的构成是保险成本加利润和税金（见图8.3）。

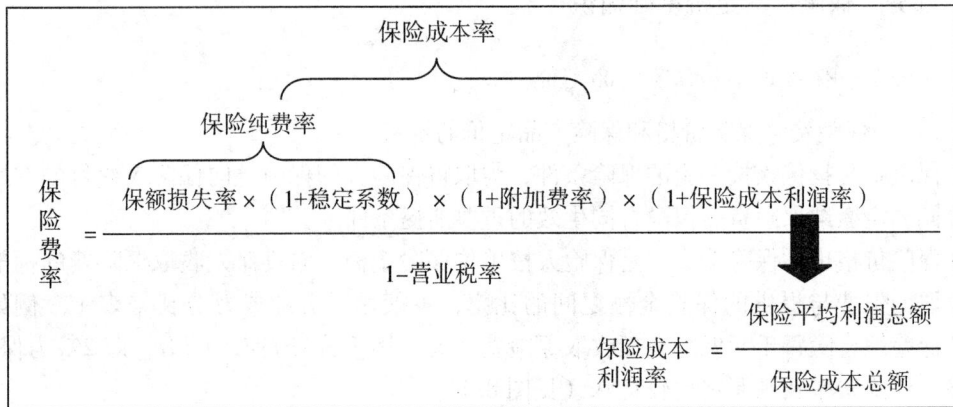

图 8.3　财产险保险费率构成

（三）保险定价目标

保险定价目标是指保险企业通过特定水平的价格的制定或调整所要达到的预期目的。一般企业定价目标主要包括追求盈利最大化、追求短期利润最大化、实现预期的投资回报率、提高市场占有率、实现销售增长、适应价格竞争、保持营业、稳定价格水平、维护企业形象等。保险企业的定价目标可以归纳为生存导向型、利润导向型、销售导向型、竞争导向型等几种类型（见表8.1）。

表 8.1　　　　　　　　　　　　　　保险定价目标的类型

定价目标	说明
生存导向型	如果遇上生产力过剩或激烈的竞争，或者要改变消费者的需求时，保险公司要把维持生存作为主要目标。为了能够继续经营，继续销售险种，保险公司必须定一个比较低的价格。此时，利润目标比起生存目标而言次要很多。
利润导向型	利润导向型目标分为三类：获得最高当期利润目标、获得适量利润目标和获得预期收益定价目标。
销售导向型	销售导向型目标又可细分为达到预定销售额目标、保持和扩大市场份额目标、促进销售增长目标。
竞争导向型	竞争导向型目标可分为市场撇脂策略和稳定价格目标。制定高价来"撇脂"市场，而后通过逐步降低价格，将竞争者挤出市场或防止竞争者进入市场，即采用市场撇脂策略。以稳定价格作为定价目标，以避免激烈的价格竞争造成的损失。

（四）影响保险定价的因素

保险定价与其他行业产品定价类似，也会受到以下因素的影响：

（1）市场结构；

（2）产品定位；

（3）市场需求因素，如需求的价格弹性、需求的收入弹性、需求的交叉弹性；

（4）市场竞争因素，如价格竞争；

（5）企业自身因素，如成本费用、销售数量。

除此之外，保险定价还有其特殊影响因素（见图 8.4 和图 8.5）。

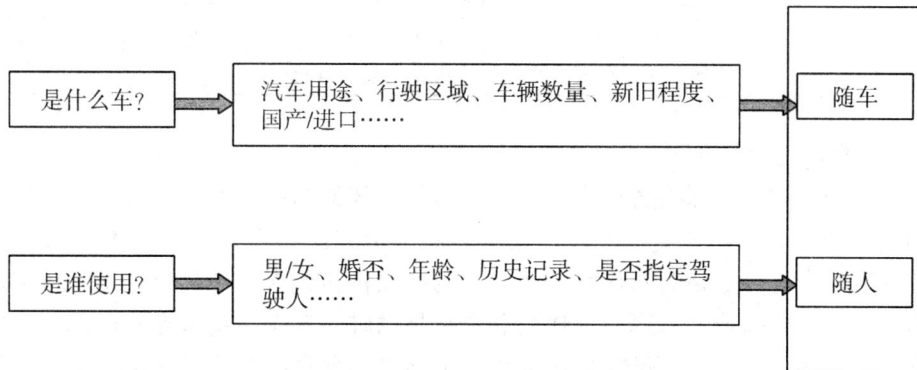

图 8.4　财险（车险）保险费率厘定考虑的主要因素

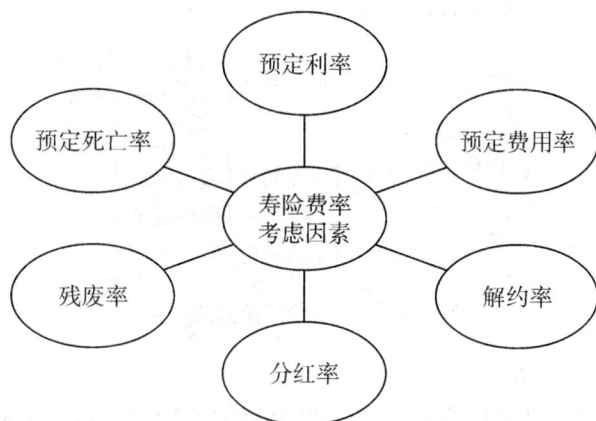

图 8.5　寿险费率厘定考虑的主要因素

二、保险定价的原则、方法与策略

（一）保险定价的原则

保险定价的原则如表 8.2 所示：

表 8.2　保险定价的原则

原则	说明
保证补偿	向投保人收取的保险费，必须足以应付赔款支出及各种经营管理费用。
公平、合理	保险费率应当与保险标的的风险性质和程度相适应，与保险人的经营需要相适应。
合法性	符合法律法规要求。

表8.2(续)

原则	说明
稳定灵活	从短期来看,应保持相对稳定,以保证投保人对保险公司的信任和信心;从长期来看,应随着风险的变化、保险保障项目和保险责任范围的变动及保险市场供求变化等情况进行调整,以保证保险费率的公平合理性。
促进防损	对防灾防损工作做得好的被保险人降低其费率或实行优惠费率,而对防灾防损工作做得差的被保险人可适当提高其费率。

（二）保险定价的方法

保险定价的方法是保险公司为实现定价目标而选择的厘定费率的方法。定价方法通常分为三类：成本导向定价方法、竞争导向定价方法和客户导向定价方法（见图8.6）。成本导向定价方法是指保险公司制定的产品价格包含生产环节、销售环节以及服务环节发生的所有成本,以成本作为制定价格的唯一基础。竞争导向定价法是以竞争对手确定的价格为基础,保险公司利用此价格来确立自己在该目标市场体系中的地位。客户导向定价方法是指保险公司制定分销商或保单所有人双方可以接受的价格,或者是根据购买者的需求强度来制定价格。

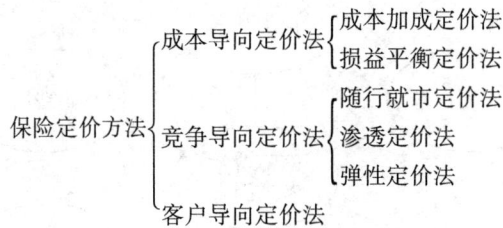

$$
\text{保险定价方法}
\begin{cases}
\text{成本导向定价法}
\begin{cases}
\text{成本加成定价法}\\
\text{损益平衡定价法}
\end{cases}\\[2pt]
\text{竞争导向定价法}
\begin{cases}
\text{随行就市定价法}\\
\text{渗透定价法}\\
\text{弹性定价法}
\end{cases}\\[2pt]
\text{客户导向定价法}
\end{cases}
$$

图 8.6　保险定价方法

（三）保险定价的策略

一般企业定价时可以采用心理定价、组合定价和折扣定价等策略。保险定价有自身特殊性,不能完全照搬（见表8.3）。

表 8.3　　　　　　　　　　　　保险定价策略

定价策略	定义	说明
低费率策略	低费率策略是指以低于原价格的水平而确定保险费率的策略。	保险公司在实行低费率策略时,要严格控制在小范围内使用。因为使用不当,会导致保险公司降低或丧失偿付能力,最终损害被保险人的利益。
高费率策略	高费率策略是指以高于原价格水平而确定保险费率的策略。	保险价格过高,会使投保人支付保险费的负担加重而不利于开拓保险市场。同时,定价高、利润大,极容易诱发保险市场的激烈竞争。

表8.3(续)

定价策略	定义	说明
优惠费率策略	优惠费率策略是指保险公司在现有价格的基础上，根据营销需要给投保人以折扣与费率优惠的策略。	优惠费率策略是为了刺激投保人大量投保、长期投保、及时交付保险费和加强安全工作。保险公司从而提高市场占有率。优惠费率策略主要有统保优惠、续保优惠、趸交优惠、安全防范优惠、免交或减付保险费等。
差异费率策略	差异费率策略是指按照一定标准，给予不同费率水平。	差异费率策略与优惠费率有一定相似性，但范畴更广。

三、调整保险价格的策略

保险公司在厘定了保险费率后，在具体执行过程中，还要根据实际情况进行适当的调整，使保险费率更趋合理。此外，保险费率的调整也会给投保人和竞争者带来一定的影响。

（一）保险价格的调整策略

保险公司调整保险费率的策略有保险心理策略、促销策略、竞争策略等（见表8.4）。

表 8.4　　　　　　　　　　　　保险价格调整策略

调整策略	说明
保险心理策略	根据保险消费者购买保险时的心理对险种的费率进行调整，使之成为消费者可接受的保险费率。
促销策略	适当调整保险费以利促销。常用的方法有普遍下调保险费率或调整个别险种的保险费率。
竞争策略	与竞争者同时进行调整，保持费率不变，采取跟随策略。

（二）调整费率带来的影响

1. 对投保人的影响

投保人（包括准投保人）对保险费率调整的反应在很大程度上影响着保险的销售量。例如，我国在1997年年底时，在保险公司调整保险费率前的一周内，许多顾客了解到保险费率将要上调，蜂拥而至到保险公司购买保险，形成了前所未有的购买保险热潮，保险销售量急剧上升。

2. 对中介人的影响

调整保险费率可能使保险销售情况发生变化，而保险代理人和经纪人的收入依赖保险销售量的高低。如果保险费率的调整促进了保险销售，则保险代理人和经纪人的积极性会大增；反之，如果保险费率的调整阻碍了保险销售，则会挫伤保险代理人和经纪人的积极性。

3. 对保险业的影响

保险公司在研究调整保险费率问题时，还必须预测同行业其他保险公司的反应。

第二部分　实验设计

一、实验基本情况

（一）实验目的

通过实验教学，让学生掌握保险费与保险价格的基本概念，熟悉影响保险产品定价的影响因素，了解保险产品定价的原则、方法、策略与目标等。通过实验，增强学生沟通与协作能力，使学生熟悉保险产品与保险网络发展现状。

（二）环境用具

电脑、保险实验教学软件、网络连接、保险学术期刊、保险统计信息资料、保险案例信息、保险产品费率手册等。

（三）实验学时

2学时。

（四）实验形式

分组讨论、案例分析、软件操作。

（五）实验重点

保险定价影响因素，定价目标与定价策略。

二、实验内容与教学组织

（一）保险产品定价影响因素分析

（1）安排学生登陆各保险公司网站或其他保险销售网站（如泰康人寿保险或平安保险等），找到保费测算栏目。

（2）按照各网站提示输入相关信息，获取保险公司报价。

（3）尝试变更输入信息，获取相应报价，并将报价结果差异进行记录和分析。通过实验了解保险公司产品定价的影响因素。

（二）保险定价与销售量分析

（1）将学生分组，安排各组查找保险产品价格水平变化的重要案例，如"利差损"事件、2013年传统寿险保单预定利率市场化改革等。

（2）找出上述案例对应的保险销售量变化情况。

（3）对以上数据改变做出合理解释，分析保险定价与销售量之间的关系。

（三）保险定价目标、定价方法与定价策略分析

（1）引导学生搜索"车险价格战"等案例，并重点搜索各保险公司的定价表现。

（2）分析各保险公司定价目标、定价方法与定价策略之间的联系。

【注意事项】

（1）保费测算软件可能需要输入真实信息，提前一周通知学生收集相关信息，如机动车行驶证信息等，以备保费测算使用。

（2）相关案例等要提前搜索并记录网址，如果学生搜索出现阻滞要及时引导。

（3）在获得许可的情况下，优先考虑通过保险公司软件进行实验。

【思考题】

（1）保险产品定价受到哪些因素影响？

（2）保险产品定价的原则有哪些？

（3）保险产品定价的目标有哪些？

（4）保险产品定价的方法有哪些？

（5）保险产品定价策略和调整策略分别有哪些？

【参考文献】

［1］肖晓春. 精细化营销 ［M］. 北京：中国经济出版社，2008.

［2］张洪涛，时国庆. 保险营销管理 ［M］. 北京：中国人民大学出版社，2005.

［3］徐井岗. 市场调研与预测 ［M］. 北京：科学出版社，2009.

［4］黄丹. 市场调研与预测 ［M］. 北京：北京师范大学出版社，2007.

第三部分　实验报告

一、实验报告总表

实验报告总表如表 8.5 所示：

表 8.5　　　　　　　　　　实验报告总表

实验编号及实验名称	实验 8　保险产品定价				
分组编号		组长姓名		组长学号	
实验地点		实验日期		实验时数	2 学时
指导教师		同组其他成员		评定成绩	
实验内容及步骤	实验内容	教学形式	时间控制	注意事项	
	保险产品定价影响因素分析	软件操作	20 分钟	在保险公司等网页进行保费测算	
	保险定价与销售量分析	分组讨论案例分析	20 分钟	"利差损"与销量、利率市场化与销量	
	保险定价目标、定价方法与定价策略分析	分组讨论案例分析	40 分钟	查找"车险价格战"案例，关注各保险公司的定价行为	

表8.5(续)

实验总结	
教师评语	

二、实验操作与记录

（一）关于保险产品定价影响因素分析

（1）本小组登陆的保险相关网站是（中文名、网址）：_____

_____

_____

_____

（2）本小组测算的保险产品名称是：_____

（3）各次输入数据及保费报价如下：

_____

_____

_____

_____

_____

_____

_____

_____

（二）关于保险定价与销售量分析

（1）本小组找到的保险产品定价改变案例名称（如"利差损事件"）及简介如下：

_____

_____

_____

_____

（2）本小组采用的案例对应的销售数据（如保费或保单件数等）变化情况如下：

（三）保险定价目标、定价方法与定价策略分析

（1）车险价格战案例简介。

（2）各保险公司在案例当中的定价表现。

（3）分析和总结各保险公司在案例当中所反映出来的定价目标、定价方法和定价策略等。

第 5 章　保险分销与促销

实验 9　保险营销渠道管理

第一部分　保险营销渠道管理基础知识

一、保险营销渠道的概念、功能与结构

（一）保险营销渠道的概念

保险营销渠道又称保险销售渠道、保险营销体系，是指为完成保险市场交换活动而进行一系列保险营销活动的组织和个人所形成的体系，是联系保险公司和顾客之间的桥梁，是保险商品顺利流通、交换的关键。保险营销渠道的起点是出售保险产品的保险公司，终点是购买保险产品的各种客户，而参与这个保险产品从保险公司向客户转移过程的所有个人和组织都是保险营销渠道的组成部分（见图 9.1）。

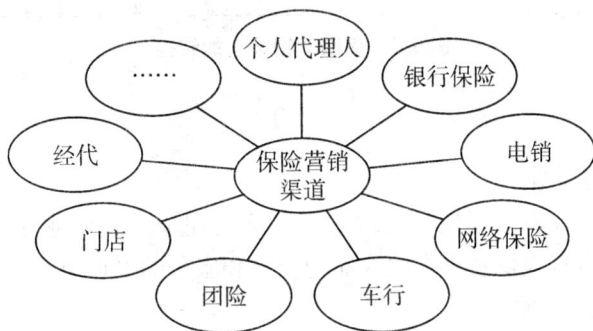

图 9.1　保险营销渠道

（二）保险营销渠道的功能

保险营销渠道的主要功能如下：

（1）研究，即收集制订计划和进行交换时所必需的信息。

（2）促销，即进行关于所供应的货物的说服性沟通。

（3）接洽，即寻找可能的购买者并与其进行沟通。

（4）配合，即使所供应的货物符合购买者需要，包括制造、评分、装配、包装等活动。

（5）谈判，即为了转移所供货物的所有权，而就其价格及有关条件达成最后协议。

（6）实体分销，即从事商品的运输、储存。

（7）融资，即为补偿渠道工作的成本费用而对资金的取得与支用。

（8）风险承担，即承担与从事渠道工作有关的全部风险。

（三）保险营销渠道的结构

保险营销渠道的结构可以从渠道长度和渠道宽度两个方面考虑（见图9.2）。对于保险公司来说，营销渠道越长越宽，控制越困难，而且费用增加越多。选择合理的分销渠道，既要考虑分销渠道的长度，也要考虑分销渠道的宽度。

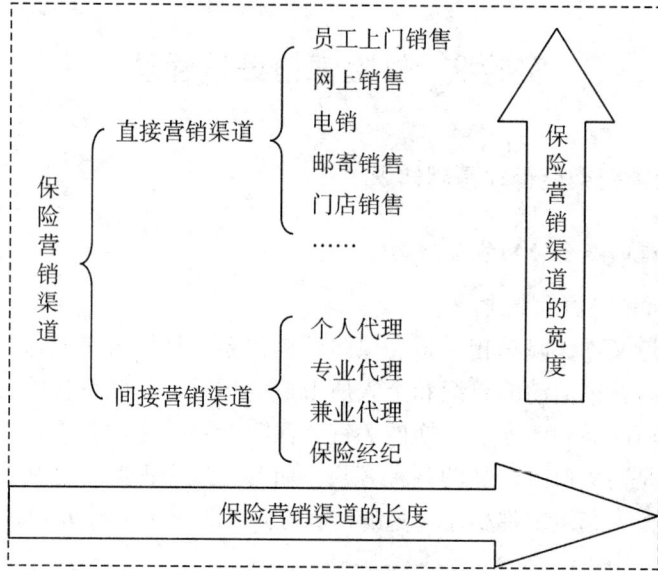

图9.2　保险营销渠道的结构

二、主要保险营销渠道

（一）直接营销渠道

直接营销渠道是保险公司通过支付薪金（不是佣金）雇佣业务人员，由这些业务人员向保险消费者直接提供各种保险商品的销售和服务的渠道类型。

1. 直接营销渠道的种类

直接营销渠道的种类如图9.3所示：

图9.3　直接营销渠道的种类

2. 直接营销渠道的优劣势

直接营销渠道的优劣势如表9.1所示：

表9.1　　　　　　　　　　　　直接营销渠道的优劣势

优势	劣势
● 有利于了解保险需求和市场信息 ● 有利于树立和维护保险公司良好的社会形象 ● 有利于降低业务费用和营销成本 ● 有利于保险公司实行低价竞争的策略 ● 有利于对渠道加强控制力	● 渠道运营及维护等固定成本开支增加 ● 销售人员的积极性较低 ● 市场接触面较窄

3. 适合直接营销渠道的保险产品的特征

适合直接营销渠道的保险产品的主要特征如下：

（1）申请简便。条款表述要严谨，措辞浅显易懂，简单明了。

（2）核保简便。直销险种往往需要快速核保和简易核保，常用的做法是限额购买、团体购买或者保障风险单一、道德风险较低。

（3）管理简便。采用系统化的投保和理赔处理程序，有效降低管理成本；采用标准化服务，人机结合，有效提升服务质量。

（4）缴费简便。直销险种大都在有关说明中简单扼要地列明了直销险种的费率和缴费手续，使客户投保缴费非常方便。

（二）间接营销渠道

1. 间接营销渠道的种类

保险间接营销渠道主要成员是保险代理人和保险经纪人。保险代理人是根据保险人的委托，向保险人收取代理手续费，并在保险人授权的范围内代为办理保险业务的单位和个人。保险经纪人是基于投保人的利益，为投保人与保险人订立保险合同提供中介服务，并依法收取佣金的有限责任公司（见图9.4和图9.5）。

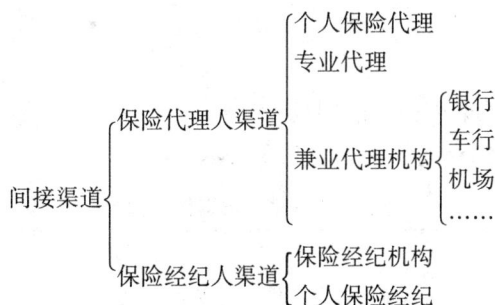

图9.4　保险间接渠道分类

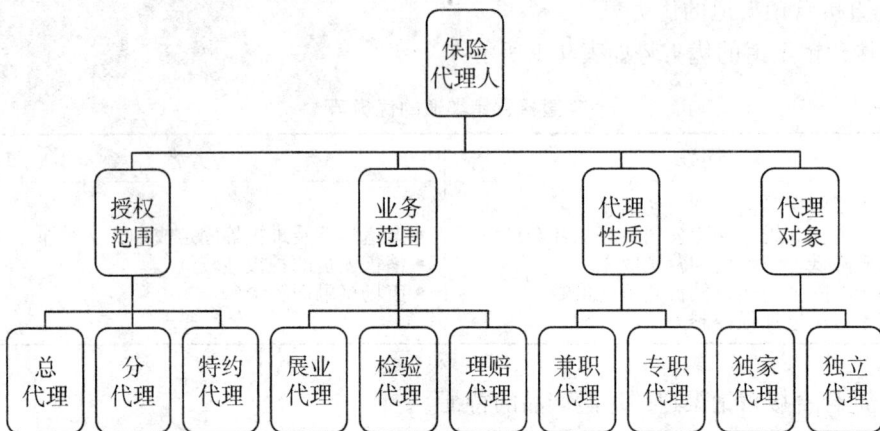

图 9.5　保险代理人分类

2. 保险专业中介机构对比

保险专业中介机构对比如表 9.2 所示：

表 9.2　　　　　　　　　　　　　保险专业中介机构对比

	保险代理公司	保险经纪公司
组织形式	有限责任公司 股份有限公司	有限责任公司 股份有限公司
注册资本	人民币 5 000 万元，实缴货币资本	人民币 5 000 万元，实缴货币资本
业务范围	• 代理销售保险产品 • 代理收取保险费 • 代理相关保险业务的损失勘查和理赔 • 中国保监会批准的其他业务	• 为投保人拟订投保方案、选择保险公司以及办理投保手续 • 协助被保险人或者受益人进行索赔 • 再保险经纪业务 • 为委托人提供防灾、防损或者风险评估、风险管理咨询服务 • 中国保监会批准的其他业务

三、保险营销渠道管理

（一）影响保险营销渠道选择的因素

影响保险营销渠道选择的因素如表 9.3 所示：

表 9.3　　　　　　　　　　　　影响保险营销渠道选择的因素

影响因素	说明
产品因素	具备标准化条款、件均保费低、技术含量低、强制保险等特征的保险产品适合采用直接营销渠道；反之则适合间接营销渠道。
市场因素	市场分散化程度、购买金额、购买频率、购买便利性、售后服务等市场因素对保险营销渠道选择有重要影响。
保险公司自身因素	公司的财力、股东资源、战略定位、技术储备、人才储备、产品储备与开发能力等因素会影响营销渠道选择。
环境因素	竞争环境、经济环境、法律环境等对营销渠道选择有重大影响。

（二）保险营销渠道的选择策略

现代保险营销渠道已不是完全孤立的直接营销渠道或间接营销渠道，而是多种营销渠道的结合或组合运用。保险营销应适应市场转型的需要，因险种、因地、因人不同而采取灵活的营销渠道。

1. 不同的险种采取不同的营销渠道

有的险种设计得比较简单、通俗易懂，非保险专业人士完全能够看懂，并且不需要体检或对于健康状况要求不高，风险比较容易控制，不易产生逆选择，则可以通过低接触性的销售渠道（如电话营销、网络营销等）来销售，减少中间环节和费用，降低成本，提高利润。

2. 不同的地区采取不同的营销渠道

城市以及经济较发达地区，客户群层次相对较高、需求多样化、观念更新相对较容易，基础建设较完善，网络硬件环境建设较好，加上数字签名等安全保障技术的应用，在外部环境上城市完全具备推动网络销售的条件。我国农村和经济欠发达地区居民的保险知识缺乏、保险意识低，应专门设计简单明了、通俗易懂的保单和条款。

3. 不同的对象采取不同的营销渠道

大众客户需要的是直截了当的指导和建议，并且需要的是标准化的简单迅速的服务，个人营销代理和银行代理模式可能比较适合他们。高价值客户需要的是金融专家针对个人需求的广泛问题提供咨询，那么高水平的财务顾问则可能比较适合这类客户。

4. 不同的阶段采取不同的营销渠道

一个保险产品的销售过程分为五个阶段，即潜在客户产生、客户身份认证、售前、销售完成、售后服务。例如，经过最低成本方式整合后，第一阶段采用互联网渠道，第二、第三、第五阶段采用电话方式，第四阶段也就是销售完成阶段则采用员工面谈直接销售方式，这样销售成本可以大大降低，利润也会随之增加。

（三）保险营销渠道管理的内容

对于保险营销渠道的管理，实质上就是利用保险营销渠道开展业务的动态化过程，主要包括选择渠道成员、激励渠道成员、评价渠道成员、改进渠道安排、化解渠道冲突等几项工作（见表9.4）。

表 9.4

管理内容	说明
选择渠道成员	结合各种渠道的特点，综合考虑渠道选择的影响因素，灵活运用渠道选择策略，选择渠道成员。
培训渠道成员	使合作伙伴认识双方合作的前景，了解保险市场和公司，促进双方文化融合，掌握保险知识、业务处理流程、保险产品销售技能等。
激励渠道成员	激发渠道成员的动机，使其产生内在动力，朝着所期望的目标前进，调动渠道成员销售本公司产品的积极性。
评价渠道成员	定期对渠道成员进行评价，以便决定是否对渠道管理进行改进以及如何改进。渠道评估指标主要有销售业绩、成本支出、忠诚度、努力状况、客户满意等。

表9.4（续）

管理内容	说明
改进渠道安排	根据评价结果采取措施。对于合作良好的渠道成员应给予一定奖励，对于业绩不佳的渠道成员应给予建议和帮助，对于业绩非常差的渠道成员可以考虑中止合作关系。
化解渠道冲突	化解渠道冲突的主要方法有：确立共同目标，这是解决冲突的首选方法；鼓励合作；鼓励各销售渠道成员之间的相互沟通，这种沟通有利于其相互了解各自的特点和作用；加大管理力度，加大对主要销售活动的管理力度，促进各渠道相互间的协调和配合。

第二部分　实验设计

一、实验基本情况

（一）实验目的

通过实验教学，让学生掌握保险分销渠道的分类和主要保险分销渠道的特点，了解各种保险分销渠道的发展情况和新型营销渠道的发展趋势。

（二）环境用具

电脑、保险实验教学软件、网络连接、保险学术期刊、保险统计信息资料、保险营销渠道冲突案例。

（三）实验学时

3学时。

（四）实验形式

分组讨论、案例分析。

（五）实验重点

各种保险营销渠道的特点，新型保险营销渠道发展趋势。

二、实验内容与教学组织

（一）了解营销渠道的种类及状况

（1）将学生分组，登陆中国保险学会、中国保险行业协会、保险中介行业协会、中国保监会、各保险公司、中国知网等网站，查找保险营销渠道分类的资料和渠道保费收入占比等数据。

（2）将找到的资料汇总，对保险营销渠道进行分类，并制作分类图。

（二）了解各主要营销渠道的特点

（1）可登陆各保险销售网站，查阅学术论文，查阅权威统计资料等。结合上述找到的资料，统计各项指标，分析各主要保险营销渠道的特点。

（2）要提醒学生归纳特点时的条理性和全面性，从可控性、渠道产品特色、覆盖面、可接触性、成本等方面考察。

（三）渠道选择与管理

（1）对在上述资料中涉及的保险公司选择保险营销渠道的合理性进行分析。

（2）找一个保险营销渠道冲突案例并分析，要求学生指出该冲突的类型、解决对策的合理性等。

（四）新型保险营销渠道发展趋势分析

（1）将各保险营销渠道不同时期的保费数据等进行对比，绘制发展趋势图。

（2）结合所学知识，探讨新型保险营销渠道的发展趋势。

【注意事项】

（1）渠道特点的相关指标要提前归纳总结，实验时给学生参考，降低实验难度。

（2）保险营销渠道冲突的案例要课前准备好，在学生搜索之后供学生参考，保证实验的时间控制要求。

【思考题】

（1）保险营销渠道有哪些？

（2）各种保险营销渠道的特点是什么？

（3）保险公司选择保险营销渠道主要考虑哪些因素？

（4）保险公司如何应对保险营销渠道冲突。

【参考文献】

[1] 邓琼芳. 保险推销员心理学读本［M］. 北京：时事出版社，2011.

[2] 肖晓春. 精细化营销［M］. 北京：中国经济出版社，2008.

[3] 朱丽莎. 我国网络保险发展研究［J］. 电子商务，2013（1）.

第三部分　实验报告

一、实验报告总表

实验报告总表如表 9.5 所示：

表 9.5　　　　　　　　　　　　　　实验报告总表

实验编号及实验名称	实验 9　保险营销渠道管理			
分组编号		组长姓名		组长学号	
实验地点		实验日期		实验时数	3 学时
指导教师		同组其他成员		评定成绩	

表9.5(续)

	实验内容	教学形式	时间控制	注意事项
实验内容及步骤	了解营销渠道的种类及发展状况	分组讨论	20分钟	登陆中国保险学会、中国保监会等网站
	了解各主要营销渠道的特点	分组讨论	30分钟	可控性、渠道产品、覆盖面、可接触性、成本等指标 可登陆各保险销售网站、查阅学术论文、查阅权威统计资料等
	渠道选择与管理	案例分析	40分钟	分析上述资料中保险公司渠道选择的依据 找一个保险营销渠道冲突案例并分析
	新型保险营销渠道发展趋势分析	分组讨论	30分钟	对电销、网络渠道、社交媒体渠道等发展数据进行分析
实验总结				
教师评语				

二、实验操作与记录

（一）了解营销渠道的种类及状况

（1）本小组查阅的资料来源是：_____

_____

_____

（2）根据上述资料，绘制保险营销渠道分类图（本小组在实验中总结出的分类图）。

（二）了解各主要营销渠道的特点

多途径查找相关资料，通过查找资料，将各保险营销渠道的特点（如可控性、渠道产品、覆盖面、可接触性、成本等指标）进行总结，并制作成表格（表格形式自定，本步骤难度较大，各小组在规定时间尝试之后，可以课后继续完成）。

（三）渠道选择

（1）本小组查找到并拟研究的保险公司是：＿＿＿＿＿＿＿＿＿＿＿＿＿＿

（2）该公司采用的保险营销渠道有：＿＿＿＿＿＿＿＿＿＿＿＿＿＿＿＿

＿＿＿＿＿＿＿＿＿＿＿＿＿＿＿＿＿＿＿＿＿＿＿＿＿＿＿＿＿＿＿＿＿

＿＿＿＿＿＿＿＿＿＿＿＿＿＿＿＿＿＿＿＿＿＿＿＿＿＿＿＿＿＿＿＿＿

＿＿＿＿＿＿＿＿＿＿＿＿＿＿＿＿＿＿＿＿＿＿＿＿＿＿＿＿＿＿＿＿＿

＿＿＿＿＿＿＿＿＿＿＿＿＿＿＿＿＿＿＿＿＿＿＿＿＿＿＿＿＿＿＿＿＿

（3）请对该公司渠道选择的合理性进行分析（300 字以内）。

＿＿＿＿＿＿＿＿＿＿＿＿＿＿＿＿＿＿＿＿＿＿＿＿＿＿＿＿＿＿＿＿＿

＿＿＿＿＿＿＿＿＿＿＿＿＿＿＿＿＿＿＿＿＿＿＿＿＿＿＿＿＿＿＿＿＿

＿＿＿＿＿＿＿＿＿＿＿＿＿＿＿＿＿＿＿＿＿＿＿＿＿＿＿＿＿＿＿＿＿

＿＿＿＿＿＿＿＿＿＿＿＿＿＿＿＿＿＿＿＿＿＿＿＿＿＿＿＿＿＿＿＿＿

＿＿＿＿＿＿＿＿＿＿＿＿＿＿＿＿＿＿＿＿＿＿＿＿＿＿＿＿＿＿＿＿＿

＿＿＿＿＿＿＿＿＿＿＿＿＿＿＿＿＿＿＿＿＿＿＿＿＿＿＿＿＿＿＿＿＿

（四）渠道冲突管理

（1）本小组选择的保险营销冲突案例是：＿＿＿＿＿＿＿＿＿＿＿＿＿＿

（2）请介绍该案例的类型和主要情节（200 字以内）。

＿＿＿＿＿＿＿＿＿＿＿＿＿＿＿＿＿＿＿＿＿＿＿＿＿＿＿＿＿＿＿＿＿

＿＿＿＿＿＿＿＿＿＿＿＿＿＿＿＿＿＿＿＿＿＿＿＿＿＿＿＿＿＿＿＿＿

＿＿＿＿＿＿＿＿＿＿＿＿＿＿＿＿＿＿＿＿＿＿＿＿＿＿＿＿＿＿＿＿＿

＿＿＿＿＿＿＿＿＿＿＿＿＿＿＿＿＿＿＿＿＿＿＿＿＿＿＿＿＿＿＿＿＿

＿＿＿＿＿＿＿＿＿＿＿＿＿＿＿＿＿＿＿＿＿＿＿＿＿＿＿＿＿＿＿＿＿

（3）请分析该冲突解决对策的合理性（300 字以内）。

（五）新型保险营销渠道发展趋势分析

（1）将各保险营销渠道不同时期的保费数据等进行对比，绘制发展趋势图。

（2）结合所学知识，讨论新型保险营销渠道的发展趋势（300 字以内）。

实验 10　保险展业流程

第一部分　保险展业流程基础知识

一、保险展业流程的定义

保险展业流程也称保险销售循环，是指保险业务员从客户定位、客户拜访一直到完成保险合同签订等所经历的工作环节，是保险销售工作各环节的规范化和指引。熟练掌握保险展业流程，可以协助保险业务员掌握销售节奏、提升工作效率、节约成本。保险业务员如果想要知道自己的目标客户是谁、如何接触目标客户、如何进行有效沟通……直至成功签订保险合同，就必须了解保险展业流程，理解和掌握流程中的要点，并以此指导自己的日常销售工作。保险机构在"新人"培训课程中会讲授和演练保险展业流程。

保险展业流程一般包括客户定位→客户拜访→销售面谈→异议处理→促成→保单送递→客户服务等环节，而且构成一个循环（见图 10.1）。也有人认为一般的保险展业流程包括六个步骤：寻找准客户、瞄准客户市场、邀约准客户、制订拜访计划、拜访准客户和归档准客户资料等（见图 10.2）。各公司可能有一些细微差别（见图 10.3）。

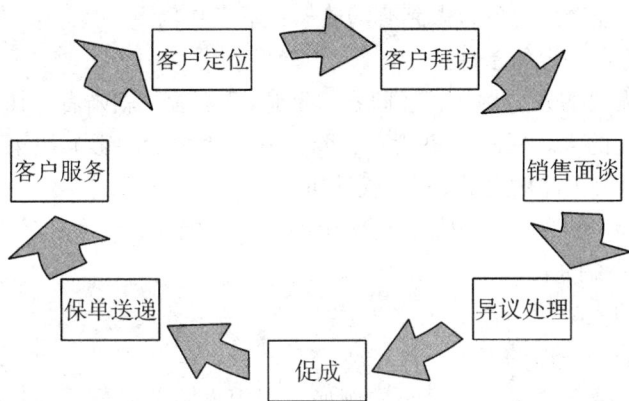

图 10.1　保险展业一般流程

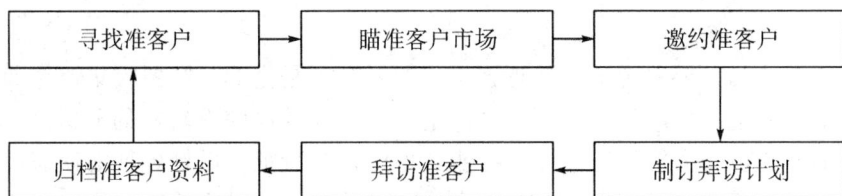

图 10.2　其他保险公司展业流程

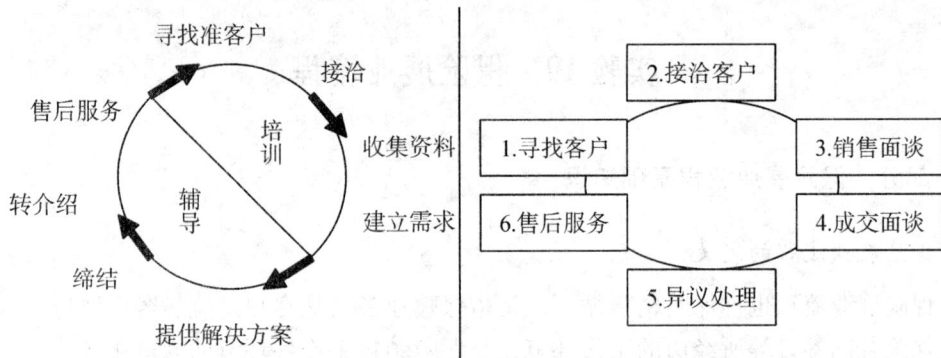

图 10.3　友邦保险公司和金盛（工银安盛）保险公司的销售循环

二、对保险展业流程的理解

（一）客户定位

保险产品种类繁多，各有特色，要求保险业务员掌握的具体知识也不尽相同。客户的行为特征千差万别，保险业务员不可能与所有的客户都有共同语言，也不可能熟知各行各业不同的风险特征，对财产保险而言如此，对人身保险而言也是如此。所谓"物以类聚，人以群分"，展业人员应当综合考虑各种因素，包括自身的知识结构、工作和生活经历、个人偏好、所销售的保险产品的特点、所在地区消费者的行为特征等，选定自己的主要展业客户对象，做到有的放矢，事半功倍。

准客户必须符合一定的条件：

（1）有保险需要的人。例如，经商者、年逾 37 岁者、新婚者、初为人父者等。

（2）有决定权的人。保险的决策者、购买者、使用者、影响决策者往往不是同一个人，保险营销员要关注的对象是有决定权的人。

（3）具有保险利益的人。例如，寿险中的本人、配偶、子女、父母等。

（4）付得起保费的人。

（5）易接触的人。

（6）能通过公司核保的人。

要灵活运用多种方法寻找准客户。例如，利用人际关系网，通过陌生拜访，利用链式反应寻找，从各种统计报表、名册、企业名录等上面寻找，通过咨询和市场调查寻找等。

（二）客户拜访

筛选客户之后，要着手准备接近客户。如果客户是企业，则要收集该企业的相关资料，了解该企业的生产经营状况，对该企业所面临的风险有较好的分析，并收集该企业相关负责人的个人信息，推测其可能具备的行为特征，做好各种面谈假设应对方案。以上论述有可能过于理想化，有人认为我国目前保险展业的特点是"展业基本靠关系，竞争基本靠价格"，这种观点有一定的代表性，但是随着市场经济的日益完善，保险展业会日益规范，只有那些真正为企业利益着想、能为投保企业带来价值的保险业务员才会有施展的舞台。如果客户是个人，则要清楚客户所处行业的工资及福利水平，熟悉当地的社会保障情况，熟悉客户所处的群体消费观念及习惯等。

接近客户之前，可以利用电话、问卷调查、信函等进行邀约。拜访客户必须事先制订计划。一份完整的拜访计划一般包括以下内容：

（1）拜访的原因、目的；

（2）拜访的内容；

（3）拜访的地点；

（4）拜访的时间；

（5）拜访的对象；

（6）拜访采取的策略。

拜访计划可以按日、按周、按月分别制定（见表 10.1、表 10.2、表 10.3）

表 10.1　　　　　　　　　　每日拜访计划表

时间/内容	一类内容	二类内容	三类内容	备注
早晨	早训 自我激励	仪容仪表检查……		
上午	重点拜访的客户 A、B、C……	重点复访的保户 1、2……	私事及其他……	
下午	其次拜访的客户 D、E、F……	其次复访的保户 3、4……		
晚上	总结经验 制订第二日计划	和朋友交谈心得	放松自己	

表 10.2　　　　　　　　　　周拜访工作计划表

项目/时间	周一	周二	周三	周四	周五
陌生拜访数					
原客户拜访数					
复访数					
发掘新客户数					
完成金额					
佣金收入					
备注					

表 10.3　　　　　　　　　　月拜访工作计划表

内容/时段	上旬	中旬	下旬	备注
预定拜访人数				
预定签约总人数				
预定达成金额				
成交的险种				

（三）销售面谈

与客户进行接触后，选择时机进行保险产品销售面谈，当然在面谈之前各种"道具"必不可少（见表10.4）。在销售面谈的过程中，要掌握客户的尽量详细的信息，并据此初步拟定保险计划书。对于获取的客户信息要严格遵守职业道德规范，为客户保密。此外，对于客户所提供的信息要进行辨别和筛选，务必使信息真实，以便制订的保险计划能真正满足客户的需求。

表10.4　　　　　　　　　　　　　保险展业必备工具

市场调查表	条款	业务手册	宣传单	投保单
收据	笔	理赔资料	身份证	工作证（展业证）
计算器	名片	多媒体资料	便笺	其他工具

保险营销员要学会搜集各种话题，以便在与不同的客户见面时能打破尴尬。认真准备开场白，适时引入正题，掌握沟通技巧（见表10.5）。

表10.5　　　　　　　　　　　　　销售面谈注意事项

面谈原则	①互尊原则；②反馈原则；③兴趣原则；④愉悦原则。
语言表达	①语气要平缓，语调要低沉明朗；②运用停顿的奥妙；③词句必须与表情相配合；④随时说"谢谢"；⑤尽量用委婉的问话；⑥熟练地运用"您可能也知道"；⑦与长辈谈话尽量提及他年轻时代的事；⑧真诚地赞美。
倾听技巧	①端正认识；②态度诚恳；③不要打断对方的谈话；④用语言和形体语言去鼓励客户说下去；⑤与客户谈话的内容产生共鸣；⑥充分利用沉默；⑦抓住中心，理解话意。
目光交流	①目光要真诚、专注、柔和地平视客户；②眼光停留在客户的眼眉部位；③视线不可左右飘忽不定；④要学会将关怀和赞赏用眼神表达出来。

（四）异议处理

在销售面谈的过程中，客户可能有抗拒心理，可能有许多疑问，还可能有其他一些细节，阻碍客户认可保险业务员及其所制订的保险计划书。此时，保险业务员应当揣摩客户每一句话背后所隐含的深层次意图，事先进行话术演练，灵活而详尽地回答客户的每一个问题，打消客户的抗拒或者犹豫（表10.6）。当然，在整个展业过程中都必须站在客户的立场，一心维护客户的利益，不可以因保险业务员个人利益而误导、欺骗客户。

表10.6　　　　　　　　　　　　　常见的四类真实异议

异议类别	常见的说法	处理方法
不需要	"我自己有储蓄。""我家人会有其他办法生活。""我有公司有团体保险和社保。"	客户：显示他相信自己及家人有足够的保障。代理人：找出客户所关心的事，如子女教育、退休金、供房贷款等，指出客户的其他重要的需要同样需要保险去解决。

表10.6(续)

异议类别	常见的说法	处理方法
没钱	"我负担不起。" "我的日常开支很大。" "我暂时不愿意有额外负担。"	客户：并非真正表示他没有能力负担保费，只是他不愿意花钱买保险。 代理人：令客户明白代理人所推荐的计划，不仅客户能够负担，而且更值得购买。因为保险既可以提供家庭保障，又能起到稳定资产的作用。
不用急	"我要多加考虑。" "下个月才可以答复您。" "我要和太太商量一下。" "我现在很忙，以后再说了。"	客户：显示客户是希望延迟做出决定，而忽略了马上投保的重要性。 代理人：向客户指出拖延决定的后果——可能为家庭及个人带来危机。最好能准备一些例子及真实故事来说服客户为何需要立即购买。
没信心	"我朋友也是从事这一行业。" "我在原来的保险公司投保就可以了。" "我要与其他公司做个比较。" "我怕通货膨胀。"	客户：可能对代理人、代理人代表的公司或代理人推销的产品缺乏信心，不愿意交易。 代理人：令对方深信代理人是专业人士，有足够的知识与经验，并曾接受过严格的训练。而代理人的公司则稳健可靠，服务超群。展示公司产品的优势，让客户知道只有选择代理人及其公司产品才是明智之举。

（五）促成

在客户理解将要购买的保险计划、没有什么疑问之后，保险业务员应当及时进行促成，协助客户填写投保单证，准备各种资料。保险消费虽然对生产和生活的影响很大，但又不像对购买其他商品一样有明显的急迫性和主动性，如果不及时促成，客户原本不十分坚定的购买行为可能会中止，使保险业务员前功尽弃。更严重的是，如果因为保险业务员没有及时促成，而在此期间客户又不幸发生"保险事故"，则保险业务员内心将忍受何等的煎熬，客户又将忍受何等的悲痛。

（六）保单送递

保险单制作完毕之后，保险业务员应当及时将保单亲自送达客户手中，不仅仅是为了获得保单送达回执，更重要的是向客户表明一种优质的服务态度，让客户获得超过想象的满意，培养和提升客户的忠诚度。在保单送递的过程中，还可以进一步向客户讲解条款内容、客户的权利和义务，包括责任免除条款、犹豫期等等，让客户明明白白消费，降低保单失效率。此外，还可以通过保单送递增加与客户的接触机会，增进联系，或许还可以获得客户的转介绍，也可以为将来进行二次展业埋下伏笔。

（七）客户服务

客户服务放在最后来讲，并不表明客户服务是最后才需要做的，事实上，客户服务贯穿于展业过程的始终。保险业本身就是属于服务行业，尤其是保险产品是一纸法律合同，没有显著的实物形态，显得有点虚无缥缈，也很难进行比较。此时，客户对保险产品质量及保险消费的评价可能在很大程度上取决于服务的水平。好的服务就像无声的广告，流传久远。

在保险展业流程的多个环节中，都要注意"话术"问题。

第二部分　实验设计

一、实验基本情况

（一）实验目的

通过实验教学，使学生熟悉保险展业的基本流程和技巧，既包括开拓准客户的方法、与客户进行沟通的基本技巧，又包括对客户资料的管理等。要求学生熟练掌握保险展业的流程和技巧，能根据目标客户的行为特点和不同保险产品的特点灵活运用不同的展业技巧，帮助客户消除购买保险产品的疑虑。

（二）环境用具

电脑、保险实验教学软件、网络连接、保险展业工具（包括纸张、笔、计算器等）、保险话术演练手册、灾害事故新闻简报等。

（三）实验学时

2 学时。

（四）实验形式

软件操作、角色扮演、分组讨论。

（五）实验重点

保险展业流程、面谈与异议处理。

二、实验内容与教学组织

（一）准客户开拓

（1）使用实验软件，熟练使用系统进行客户分类和管理。

（2）分组讨论准客户开拓的意义，分析准客户必须具备的条件，讨论开拓准客户的常用方法。

（二）接近技巧

（1）要求学生选定客户，选择某种接近客户的方法。

（2）将学生分组，进行角色扮演，其他成员进行观察并负责指出存在的问题。

（三）客户异议处理

（1）演练几种典型的客户拒绝理由，分析其言语所包含的真实心理。

（2）以几种典型的保险销售促成技巧为例进行演练和分析，强化学生对促成时机的把握。

【注意事项】

（1）角色扮演环节要引导学生认真对待，按照教学安排演练。

（2）异议处理时的话术演练应该进行深层次的客户心理分析，准确使用应答语句。

（3）要提前准备话术演练手册资料等。

（4）实验软件可以搜索免费软件，软件框架基本可用即可。

【思考题】

(1) 准客户开拓有哪些方法，各自有何特点？

(2) 面谈或者电话沟通各应该注意哪些问题？

(3) 常见的客户异议有哪些，其包含的深层次客户心理活动是什么？

(4) 将本小组的展业流程用图的形式进行描述，要注明各步骤的注意事项。

【参考文献】

[1] 章金萍，李兵. 保险营销实务 [M]. 北京：中国金融出版社，2012.

[2] 泰康人寿保险股份有限公司. 新人基础培训学员手册（内部资料）[Z]. 2003.

[3] 孙郡锴. 做最好的保险推销员 [M]. 北京：中国华侨出版社，2009.

[4] 方有恒，郭颂平. 保险营销学 [M]. 上海：复旦大学出版社，2013.

第三部分　实验报告

一、实验报告总表

实验报告总表如表 10.7 所示：

表 10.7　　　　　　　　　　　　　　实验报告总表

实验编号及实验名称	实验 10　保险展业流程				
分组编号		组长姓名		组长学号	
实验地点		实验日期		实验时数	2 学时
指导教师		同组其他成员		评定成绩	
实验内容及步骤	实验内容	教学形式	时间控制	注意事项	
	熟悉实验软件	软件操作	20 分钟	统一使用教学软件，掌握客户管理软件的基本使用方法	
	客户开拓，接近技巧	分组讨论角色扮演	30 分钟	将所讨论的方法列举出来，演练其中某种客户开拓方法，注意接近技巧	
	客户异议处理	角色扮演	30 分钟	分组进行角色扮演，安排组员观察并评议	

表10.7(续)

实验总结	
教师评语	

二、实验操作与记录

（一）准客户开拓

（1）使用实验软件，熟练使用系统进行客户分类和管理。

本小组使用的客户管理软件名称是：_____

该软件将客户分为哪些类别：_____

_____

_____

_____

_____

（2）列举开拓准客户的常用方法：_____

_____

_____

_____

_____

（二）接近技巧（本小组接近客户演练）

（1）本小组选定的客户情况简介：_____

_____

_____

_____

（2）本小组运用的主要方法是：_____

（3）本小组成员角色分配如下：

成员：＿＿＿＿＿＿　　扮演角色：＿＿＿＿＿＿＿＿＿＿＿＿＿＿＿＿

成员：＿＿＿＿＿＿　　扮演角色：＿＿＿＿＿＿＿＿＿＿＿＿＿＿＿＿

成员：＿＿＿＿＿＿　　扮演角色：＿＿＿＿＿＿＿＿＿＿＿＿＿＿＿＿

成员：＿＿＿＿＿＿　　扮演角色：＿＿＿＿＿＿＿＿＿＿＿＿＿＿＿＿

成员：＿＿＿＿＿＿　　扮演角色：＿＿＿＿＿＿＿＿＿＿＿＿＿＿＿＿

成员：＿＿＿＿＿＿　　扮演角色：＿＿＿＿＿＿＿＿＿＿＿＿＿＿＿＿

（4）在演练过程中发现的主要问题如下：

（三）客户异议处理

（1）可以沿用上面步骤的本小组成员角色分配，将"客户"的异议记录如下：

（2）分析该客户异议的真实意图如下：

（3）本小组"业务员"应对策略如下：

_____

_____

_____

_____

该"业务员"的应对是否正确。

_____

_____

（四）请将本小组的实验过程以流程图的形式进行描述（上课时间有限，本步骤可以在课后完成）

作业要求：

（1）将本小组"客户分类、筛选、接触……保单送达"的过程单独用图的形式进行描绘，并简单注明各环节的注意事项或关键因素。

（2）尽量结合教学实验软件，将各个环节用截图工具截图，按展业流程的顺序粘贴，并标注必要的说明文字。

（3）整个作业都要求围绕具体的客户进行，如果软件系统中没有所需要的客户资料则假设一个客户资料，并输入到软件系统中。

（4）流程中如果涉及"保险计划书"的有关内容则请略写，我们将在后续实验当中专门讨论保险计划书的写作问题，本次实验的重点在于本流程的其他环节。

实验 11　保险促销

第一部分　保险促销基础知识

一、保险促销及其作用

促销，即促进销售的简称，是指以人员或非人员的方法，及时、准确地向用户或消费者传递有关信息，让用户和消费者认识到商品或劳务所能带来的好处和利益，以激发他们的购买欲望并最终使其实施购买行为。由此可见，促销的实质是营销者与购买者之间的信息沟通。通过保险促销，可以传递保险信息；突出险种特色；刺激保险需求；提高声誉，巩固市场；扩大销售。

二、保险促销的手段

保险促销的手段可分为直接促销和间接促销两大类。直接促销，即保险人员促销。间接促销又称非人员促销，可分为保险广告促销、保险公共关系促销和保险展业推广（见图 11.1）。

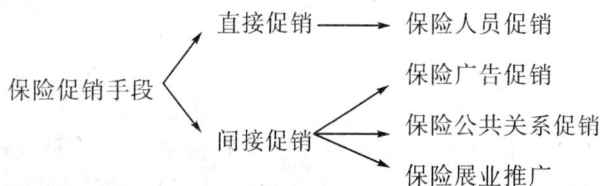

图 11.1　保险促销手段

保险人员促销是指保险公司的营销人员通过与准投保人面对面地接触，运用各种推销技巧和手段促使准投保人采取投保行为的销售活动。保险广告促销是指保险公司利用广告媒介的宣传向公众介绍自己所销售的险种及相关服务。保险公共关系促销简称保险公关促销，是指保险公司为了在公众心目中树立良好的保险公司形象而向公众提供信息和开展沟通的一系列活动。保险展业推广是指保险公司通过利用险种优势、价格优惠和服务的差别性，以及通过推销奖励等来促进销售的一系列方式方法的总和。保险展业推广很少单独地使用，是促销组合策略中的一个重要组成部分，是保险广告促销和保险人员促销的一种辅助手段。

三、保险促销的策略

保险促销的策略就是促销组合的策略，可分为推动策略和拉动策略两种。

（一）推动策略

简单地讲，推动策略的实施对象就是分销渠道的各成员，为推动各成员积极开展业务而采取的措施即为推动策略。

（二）拉动策略

拉动策略就是运用大量广告和其他宣传措施来激发消费者对保险公司的产品产生兴趣，从而产生购买行为（见图11.2）。

大多数保险公司并非仅采用单一的促销策略，而是将推动策略和拉动策略进行组合，形成保险促销组合。保险公司在确定促销组合时需要考虑很多因素，主要有目标市场的特征、保险商品的特征、竞争对手的营销策略等。

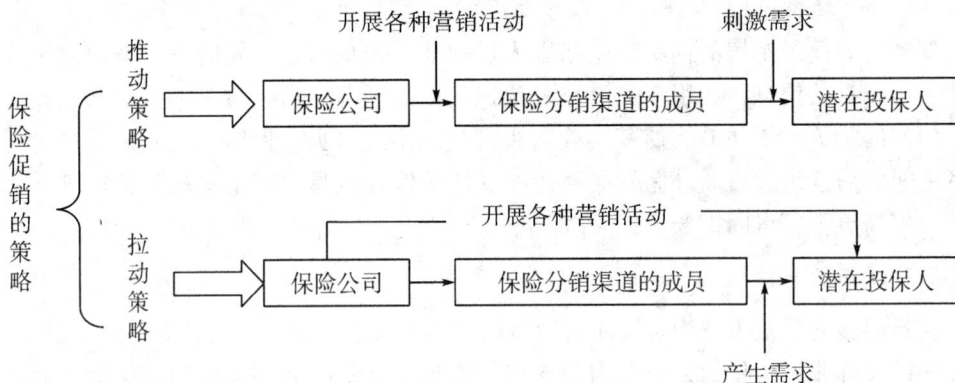

图 11.2　保险促销的策略

四、各种促销的运用

（一）保险人员促销

人员促销与其他非人员促销的方式相比，具有信息获得的直接性、信息反馈的迅捷性、人员促销的亲融性、保险服务的人性化的特点。随着保险营销活动的日益发展，人员促销在保险营销中的地位和作用日益重要，主要表现在以下几个方面：

1. 寻求客户

保险人员推销的过程不仅是不断满足现有投保人需求的过程，更重要的是不断寻找新的客户来挖掘并满足其需求的过程。寻求客户是保险人员促销的首要作用，"寻"就是要找到潜在投保人使其成为准保户，"求"就是通过拜访准保户，以求成交，使其变为现实投保人。

2. 沟通信息

保险营销人员是保险公司与投保人之间联系的重要纽带。一方面，投保人从保险营销员处获得有关保险公司、保险产品的各种信息；另一方面，营销人员将投保人的投保信息、对保险公司的意见、对售后服务的建议等信息反馈给保险公司，为保险公司的营销决策提供依据。

3. 销售保险商品

销售保险商品是保险人员推销的主要目的。在满足投保人需求的前提下，保险营销人员运用各种营销策略和技巧，促成投保人签订投保单。

4. 提供服务

签单并不是人员促销活动的终结。人员促销不仅与投保人达成签单协议，而且还要向投保人提供一系列的优质服务，如提供业务咨询、催缴保费、代办理赔、保单变更和保单迁移等售后服务。

5. 收集市场情报

保险营销人员直接接触市场，能够收集到市场需求、竞争状况、费率行情等市场动态，有利于保险公司制定营销决策。

6. 树立保险公司形象

从某种意义上说，保险营销人员就是保险公司的形象代表。优秀的保险营销员都十分注意在营销过程中以丰富的专业知识、得体的言谈举止、良好的服务态度来树立保险公司的公众形象，从而有利于进一步扩大保险公司的知名度。

（二）保险广告促销

1. 广告的定义

广告是一种信息传播活动。任何广告的本质属性都是通过一定的媒体，向社会大众传播一种信息。按现代传播学的观点，从保险公司营销的角度来看，广告应该具备以下五个基本要素：

（1）传播者，即广告主，主要指保险公司；

（2）受传者，即广告传播的对象，如代理人、消费者、社会公众等；

（3）传播内容，即如险种、保险公司观念、保险公司宗旨及方针政策等；

（4）传播媒体，即广告媒体，如报纸、杂志、广播、电视、网络等；

（5）传播目的，即主要是促进保险公司险种销售，树立保险公司形象等。

根据以上五方面的内容，我们可以对保险广告作出如下定义：保险广告是保险机构（广告主）以付费的方式，通过特定的媒体，向传播对象传播保险商品和服务等信息，以期达到一定目的的一种信息传播活动。保险广告的主要作用如下：

（1）传递信息、沟通供求；

（2）引起注意、激发需求；

（3）指导消费、扩大销售；

（4）树立声誉、利于竞争。

2. 保险广告的主要媒体

广告的传播媒体是传递广告信息的媒介物。适合保险广告的媒体很多，主要有新闻媒体、户外媒体、交通媒体、邮政媒体、文娱广告媒体、赠品媒体、包装媒体、社交媒体等（见图11.3）。不同的广告媒体传递信息的时间和范围不同，其广告的效果也各不相同。

3. 保险广告媒体决策

选择保险广告媒体应考虑的因素主要有险种性质、保险公司对信息传播的要求、目标消费者的习惯和特征、媒体本身的影响、竞争对手的广告策略、广告预算。保险广告媒体决策的主要策略如下：

（1）广告设计策略。广告设计策略是指在保险广告创作中运用艺术手段和科学方法以达到广告作品的最佳宣传效果，不同性质、不同类别的广告，将有不同的设计策略。例如，一贯性策略、竞争性策略、柔软性策略。

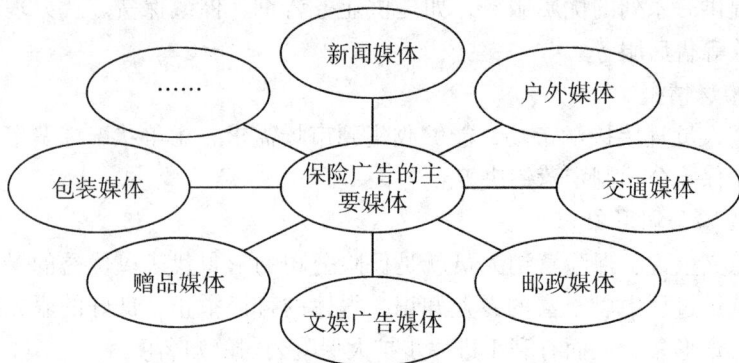

图 11.3 保险广告媒体的主要形式

（2）广告商品策略。这类策略有险种生命周期策略和险种定位策略。广告险种生命周期策略是根据险种所处的不同阶段，采用不同的宣传重点策略。广告险种定位策略是保险公司取得理想市场份额的重要策略，重点突出险种的新价值，强调其与同类险种的不同特点，表明能给保险消费者带来更多的实惠和利益。

（3）广告媒体策略。广告媒体策略是指在选择广告媒体之后，巧妙地运用媒体的手段和方法的总称。

（4）广告心理策略。广告心理策略是指在保险广告宣传中，抓住保险消费者的心理需求，克服其反感情绪，从而达到预期的广告效果。广告心理策略常常包括广告诱导心理策略、广告迎合心理策略、广告猎奇心理策略。

（三）保险公关促销

1. 保险公关促销的定义、作用和手段

公共关系并非仅是保险公司营销的一部分。一方面，任何保险公司都有必要进行公共关系活动，保险公司并非只是营利性的组织；另一方面，保险公司经营活动的各个方面都需要公共关系，保险公共关系可以发挥多方面的作用与功能。当保险公司着眼于公共关系在保险销售方面的作用时，保险公共关系就成了一种促销的手段，与其他保险促销手段并列。

保险公关指保险公司为刺激投保人的保险需求，树立保险公司良好的保险公司形象，建立与公众的良好关系而向公众提供保险信息和交流的一系列活动，其主要功能如下：

（1）沟通信息；

（2）提高形象；

（3）争取谅解；

（4）增进效益。

保险公关的主要手段有：制造和利用新闻、适时演说、利用特殊事件、发行出版物、赞助和支持社会公益事业、设计保险公司标识。

2. 保险公关促销决策

（1）确定保险公关的营销目标。提高保险公司的知名度，树立良好的信誉，激励营销队伍和中介人，降低促销成本。

（2）选择保险公关的信息与手段。保险公司在确定了公关的营销目标后，还要筛选实现这一目标的有用信息和选择合适的公关手段。

（3）实施公关方案。实施公关方案时，首先要取得新闻机构的支持，因为少了新闻媒体，保险公关的影响范围和影响力度都会大打折扣；其次应获得保险公司内部员工的支持，因为一次大型的公关活动需要大量的人力、物力，有了内部员工的支持，就会使公关活动得以顺利开展。

（4）评估公关效果。由于公共关系作为促销手段经常与其他促销手段混合使用，因此很难衡量公关的直接效果。

第二部分　实验设计

一、实验基本情况

（一）实验目的

通过实验教学，让学生了解保险促销的种类，熟悉各种促销的特点，能够识别不同促销策略，能根据相关条件进行简单促销策略决策。

（二）环境用具

电脑、保险实验教学软件、网络连接、保险学术期刊、保险广告集、保险公司新闻案例集。

（三）实验学时

3 学时。

（四）实验形式

分组讨论、案例分析、情景模拟。

（五）实验重点

各种促销手段的特点，保险广告促销决策。

二、实验内容与教学组织

（一）了解保险促销种类

（1）将学生分组，要求每个小组的学生查找 3 个以上保险促销案例，将这些案例进行记录。

（2）要求学生对照保险促销分类图，将本小组查找到的促销案例进行归类，并阐述归类依据。

（二）保险促销策略识别

（1）根据推动策略和拉动策略的差异，将上述案例进行归类，并指出归类依据。

（2）尝试从决策者角度分析上述保险促销案例中促销策略决策的正确性。

（三）保险广告促销决策

（1）安排学生从实际保险市场中自选一个保险机构，代替该机构做任意保险广告。

（2）明确本小组广告的"五要素"。

（3）阐述本小组保险广告促销决策考虑的主要因素，阐述决策依据。

（四）保险公关促销决策

（1）教师提供一组保险公关促销案例，或者引导学生自行查找相关案例。

（2）指出该案例属于保险公关促销的哪种类型。

（3）评价该案例中保险机构决策的合理性。

【注意事项】

（1）教师要事先准备相关保险广告、案例等，在适当时机发布给学生参考。

（2）学生分析或评价案例时，要提示考察的主要指标。

【思考题】

（1）保险促销的作用有哪些？

（2）不同种类的保险促销有何特点？

（3）保险公司选择促销手段时要考虑哪些主要因素？

【参考文献】

［1］张洪涛，时国庆. 保险营销管理［M］. 北京：中国人民大学出版社，2005.

［2］肖晓春. 精细化营销［M］. 北京：中国经济出版社，2008.

［3］方有恒，郭颂平. 保险营销学［M］. 上海：复旦大学出版社，2013.

第三部分　实验报告

一、实验报告总表

实验报告总表如表 11.1 所示：

表 11.1　　　　　　　　　　　　实验报告总表

实验编号及实验名称	实验 11　保险促销				
分组编号		组长姓名		组长学号	
实验地点		实验日期		实验时数	3 学时
指导教师		同组其他成员		评定成绩	

表11.1(续)

	实验内容	教学形式	时间控制	注意事项
实验内容及步骤	了解保险促销种类	分组讨论 案例分析	30 分钟	查找 3 个以上案例，并将这些案例归类
	保险促销策略识别	分组讨论 案例分析	25 分钟	推动策略和拉动策略的差异
	保险广告促销决策	分组讨论 情景模拟	35 分钟	分析和理解"五要素"的含义 能够选择具体的保险公司，替其制作保险广告方案。
	保险公关促销决策	分组讨论 案例分析	30 分钟	自行查找保险公关促销案例，分析其促销决策正确与否
实验总结				
教师评语				

二、实验操作与记录

（一）了解保险促销种类

（1）本小组查找或采用的案例分别是（3 个以上案例，并对这些案例做简要介绍，每个案例 150 字以内）。

案例 1（名称）：＿＿＿＿＿＿＿＿＿＿＿＿＿＿＿＿

案例 1 简介：＿＿＿＿＿＿＿＿＿＿＿＿＿＿＿＿

＿＿＿＿＿＿＿＿＿＿＿＿＿＿＿＿＿＿＿＿＿＿

＿＿＿＿＿＿＿＿＿＿＿＿＿＿＿＿＿＿＿＿＿＿

＿＿＿＿＿＿＿＿＿＿＿＿＿＿＿＿＿＿＿＿＿＿

＿＿＿＿＿＿＿＿＿＿＿＿＿＿＿＿＿＿＿＿＿＿

案例 2（名称）：＿＿＿＿＿＿＿＿＿＿＿＿＿＿＿＿

案例 2 简介：＿＿＿＿＿＿＿＿＿＿＿＿＿＿＿＿

＿＿＿＿＿＿＿＿＿＿＿＿＿＿＿＿＿＿＿＿＿＿

＿＿＿＿＿＿＿＿＿＿＿＿＿＿＿＿＿＿＿＿＿＿

＿＿＿＿＿＿＿＿＿＿＿＿＿＿＿＿＿＿＿＿＿＿

案例 3（名称）：＿＿＿＿＿＿＿＿＿＿＿＿＿＿＿＿＿＿＿＿＿＿＿＿＿

案例 3 简介：＿＿＿＿＿＿＿＿＿＿＿＿＿＿＿＿＿＿＿＿＿＿＿＿＿＿

＿＿＿＿＿＿＿＿＿＿＿＿＿＿＿＿＿＿＿＿＿＿＿＿＿＿＿＿＿＿＿＿

＿＿＿＿＿＿＿＿＿＿＿＿＿＿＿＿＿＿＿＿＿＿＿＿＿＿＿＿＿＿＿＿

＿＿＿＿＿＿＿＿＿＿＿＿＿＿＿＿＿＿＿＿＿＿＿＿＿＿＿＿＿＿＿＿

案例 4（名称）：＿＿＿＿＿＿＿＿＿＿＿＿＿＿＿＿＿＿＿＿＿＿＿＿＿

案例 4 简介：＿＿＿＿＿＿＿＿＿＿＿＿＿＿＿＿＿＿＿＿＿＿＿＿＿＿

＿＿＿＿＿＿＿＿＿＿＿＿＿＿＿＿＿＿＿＿＿＿＿＿＿＿＿＿＿＿＿＿

＿＿＿＿＿＿＿＿＿＿＿＿＿＿＿＿＿＿＿＿＿＿＿＿＿＿＿＿＿＿＿＿

＿＿＿＿＿＿＿＿＿＿＿＿＿＿＿＿＿＿＿＿＿＿＿＿＿＿＿＿＿＿＿＿

＿＿＿＿＿＿＿＿＿＿＿＿＿＿＿＿＿＿＿＿＿＿＿＿＿＿＿＿＿＿＿＿

（2）请将上述案例按照促销种类归类，并阐述归类的依据，将归类情况制成图或表。

（二）保险促销策略识别

（1）将上述案例按照保险促销策略差异进行归类（属于推动策略还是拉动策略），并指出归类依据。

＿＿＿＿＿＿＿＿＿＿＿＿＿＿＿＿＿＿＿＿＿＿＿＿＿＿＿＿＿＿＿＿

＿＿＿＿＿＿＿＿＿＿＿＿＿＿＿＿＿＿＿＿＿＿＿＿＿＿＿＿＿＿＿＿

＿＿＿＿＿＿＿＿＿＿＿＿＿＿＿＿＿＿＿＿＿＿＿＿＿＿＿＿＿＿＿＿

＿＿＿＿＿＿＿＿＿＿＿＿＿＿＿＿＿＿＿＿＿＿＿＿＿＿＿＿＿＿＿＿

＿＿＿＿＿＿＿＿＿＿＿＿＿＿＿＿＿＿＿＿＿＿＿＿＿＿＿＿＿＿＿＿

＿＿＿＿＿＿＿＿＿＿＿＿＿＿＿＿＿＿＿＿＿＿＿＿＿＿＿＿＿＿＿＿

（2）尝试从决策者角度分析上述保险促销案例中促销策略决策的正确性。

_____

_____

_____

_____

_____

_____

_____

_____

_____

_____

_____

_____

_____

（三）保险广告促销决策

（1）从实际保险市场中自选一个保险机构，代替该机构做任意保险广告。

本小组保险广告的"五要素"如下：

①传播者：_____

_____

②受传者：_____

_____

③传播内容：_____

④传播媒体：_____

⑤传播目的：_____

（2）阐述本小组保险广告促销决策考虑的主要因素，阐述决策依据。

_____

_____

_____

_____

_____

_____

_____

_____

_____

_____

_____

（四）保险公关促销决策

（1）本小组查找到或者采用的案例如下：

案例名称：_____

案例简介：_____

_____

_____

_____

_____

（2）请指出该案例属于保险公关促销的哪种类型。

_____

_____

_____

_____

（3）评价该案例中保险机构决策的合理性。

_____

_____

_____

_____

_____

_____

第 6 章　保险写作

实验 12　保险建议书写作

第一部分　保险建议书写作基础知识

保险建议书（保险计划书），是保险销售人员在销售过程中使用的，根据客户风险状况和保险需求制定的，便于客户理解所推荐的保险产品或服务的一种图文材料，是促销的辅助工具，是具有特定的写作格式和要求的一种保险专用文书。

一、保险建议书的内容

应用文各文种在结构、写法上通常体现为某种程度的程式化、模式化。这些习惯性规范写法是人们在长期的写作实践中逐渐探索、沉淀下来的，符合人们认识事物的规律，便于人们快捷、有效地了解文章的内容，同时也为人们写作提供了一定的方便，有利于办事的快捷、高效。保险建议书通常包括封面、重要保险专业名词解释、公司介绍、（业务员）个人介绍、正文、致谢等。其中，正文部分主要有客户资料描述、客户风险分析、保险需求评估、保险产品组合、保单利益演示、注意事项等（见图 12.1 和图 12.2）。

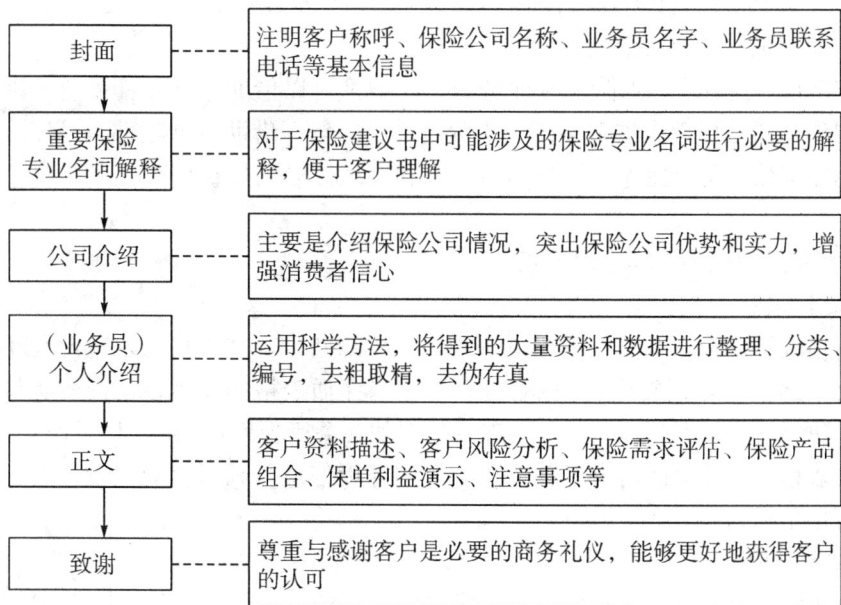

封面	注明客户称呼、保险公司名称、业务员名字、业务员联系电话等基本信息
重要保险专业名词解释	对于保险建议书中可能涉及的保险专业名词进行必要的解释，便于客户理解
公司介绍	主要是介绍保险公司情况，突出保险公司优势和实力，增强消费者信心
（业务员）个人介绍	运用科学方法，将得到的大量资料和数据进行整理、分类、编号，去粗取精，去伪存真
正文	客户资料描述、客户风险分析、保险需求评估、保险产品组合、保单利益演示、注意事项等
致谢	尊重与感谢客户是必要的商务礼仪，能够更好地获得客户的认可

图 12.1　保险建议书的内容

客户资料描述	对客户资料进行描述，可以展示本建议书具有针对性，同时还能经过客户检查，保证资料的全面和正确
客户风险分析	客户面临的风险有轻重缓急之分，有不同的风险管理方法可用
保险需求评估	部分风险适合采用保险处理，分析需要保险的种类、金额、期限、搭配等，还要根据实际情况确定保费金额
保险产品组合	将上面步骤分析的保险产品组合列出来，一般采用表格的形式，简洁直观
保单利益演示	根据保险产品组合购买之后能得到哪些保单利益，可以逐条进行演示，也可以结合案例和图表进行演示
注意事项	对可能涉及客户权益的重要事项要特别提示，如投资风险、责任免除、续保、与社保的重叠、索赔途径等

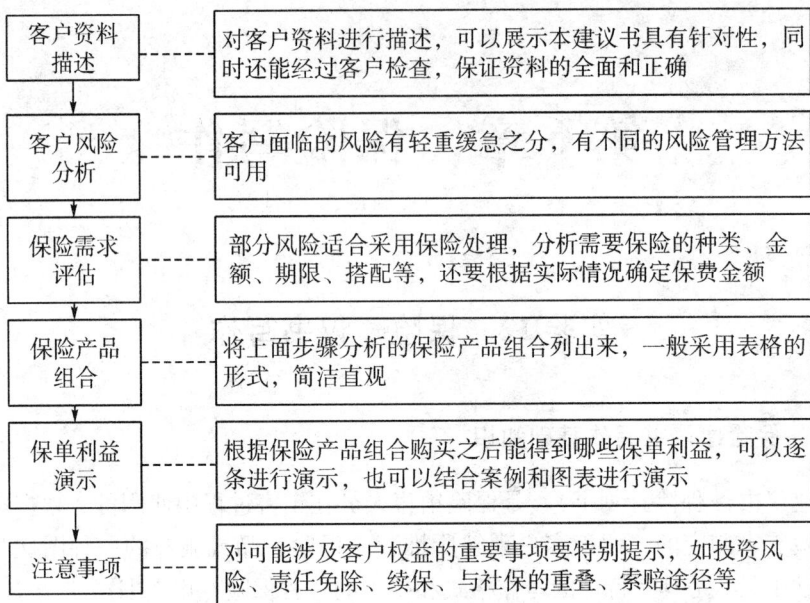

图 12.2　保险建议书正文部分的内容

二、保险建议书写作

（一）保险建议书写作应该注意的问题

保险建议书写作应注意以下问题：

（1）熟悉保险理论知识和本公司的险种条款内容；

（2）充分做好市场调研和市场细分，准确把握客户的保险需求；

（3）掌握必要的营销学知识和技巧，并灵活运用于计划书的写作之中；

（4）文风简洁、语言恰当、形式美观。

在实际展业过程中，保险机构业务人员一般都可以借助电脑软件系统辅助保险建议书的制作，如"代理人展业系统""营销之星"等。借助电脑软件，可以保证保险建议书的完整性、美观性等，但是其科学性和合理性等则依赖保险业务人员个人的知识水平。

（二）保险建议书文本表现形式

1. 文本格式

文本格式必须讲究章法，讲究章法则讲究组织条理。文本格式也应避免单调，为富于变化，建议书文本除了文字内容外，可适当穿插表格和图示，使内容更简洁、更条理化、更直观，从而使文本更富表现力。例如，关于保障内容与保费计算部分就可使用综合表格，而风险评估中有关建筑物周围环境信息可画图直观表现，有关数据的变化也可用坐标趋势图来展示。

2. 文本类型

建议书可以分为复杂型和简单型两种类型。例如，企业财产险、大工程项目保险、行业统保、一揽子综合保险等由于涉及标的繁杂，分析因素众多，建议书需包含风险评估、防灾减损、保险建议、自担风险等内容，属于复杂型风险管理建议书；一般分散性业务，如车险、家庭财产险、个体工商户财产保险等只需独立的保险建议书即可，属于简单型风险管理建议书。建议书也可以分为制式化与个性化两种类型。制式化建议书指标准化建议书，往往由公司统一包装印刷，对公司介绍及涉及项目板块由公司统一设计；个性化建议书往往由销售人员根据客户需求制定针对性强、富于变化的建议书。此外，就保险建议书而言，还可分为险种组合建议书和单险种建议书。险种组合建议书包括不同主险的组合，也包含主险与附加险的组合；单险种建议书往往只涉及对独立险种的保险建议。

第二部分　实验设计

一、实验基本情况

（一）实验目的

通过实验教学，让学生能够针对客户的具体情况进行保险需求分析，能够结合客户的风险偏好、支付能力和保险产品的特点为客户设计保险产品组合，能够为客户进行保单利益演示。通过分组讨论、设计，让学生能够根据给定的客户资料制作保险建议书。

（二）环境用具

电脑、保险实验教学软件、网络连接、保险产品条款汇编手册、保险费率手册等。

（三）实验学时

3 学时。

（四）实验形式

分组讨论、软件操作。

（五）实验重点

保险需求分析、保险产品组合。

二、实验内容与教学组织

（一）保险需求分析

（1）分组讨论保险需求测定的相关标准，能正确运用资产负债表等工具进行风险评估。

（2）通过讨论使学生掌握确定保险金额的方法和评估客户的保费支付能力的方法。

（3）引导学生对客户未来可能的经济变动进行预测，评估客户未来特定时期内的保险需求，为保险计划调整与二次营销做准备。

（二）保险计划制订

（1）安排学生做好各保险产品的比较分析，熟悉各种保险产品的特点。

（2）根据客户的保险需求以及客户的风险偏好及支付能力等，科学合理地进行保险产品组合，为客户量身定做保险计划。

（三）保险建议书写作

（1）将学生分组，将保险计划制订的步骤通过保险建议书的形式演示，其中包含保险需求分析、支付能力分析、产品组合理由、保险计划特点以及保单利益等。

（2）选取部分学生的保险建议书进行分析，加深对保险建议书写作细节的掌握。

【注意事项】

（1）组织学生学习保险需求分析时要分析客户的风险偏好。

（2）保险建议书的写作一定要基于客户利益考虑，与其他产品比较要有竞争力。

（3）要区分产险和寿险，建议以寿险为例。至于产险，往往涉及投标书写作，将在实验 13 中练习。

（4）如果没有实验软件，可以登录"慧择网"的保费需求评估模块演练。

【思考题】

（1）人生不同阶段的保险需求有何特点？

（2）如何确定客户所需要的保险金额及能负担的保费？

（3）保险建议书应该包含哪些主要内容？

【参考文献】

[1] 肖举萍. 风险管理建议书及保险建议书的制作 [J]. 上海保险，2002（6）.

[2] 吴剑云. 浅谈保险建议书的写作 [J]. 中国保险管理干部学院学报，2002（3）.

[3] 杨爱荣. 浅谈个人保险建议书的写作 [J]. 应用写作，2007（4）.

第三部分　实验报告

一、实验报告总表

实验报告总表如表 12.1 所示：

表 12.1　　　　　　　　　　实验报告总表

实验编号及实验名称	实验 12　保险建议书写作			
分组编号		组长姓名	组长学号	
实验地点		实验日期	实验时数	3 学时
指导教师		同组其他成员	评定成绩	

表12.1(续)

	实验内容	教学形式	时间控制	注意事项
实验内容及步骤	客户风险评估	案例分析 分组讨论	30 分钟	合理模拟客户,具备全面的风险管理意识,能正确填写和运用(家庭)资产负债表等工具
	保险需求分析	分组讨论	30 分钟	确定保险金额及保险支付能力,并合理预测客户经济条件的变化
	保险产品组合	分组讨论	20 分钟	根据所给客户资料制订保险组合计划,为保险建议书的写作做好准备
	保险建议书写作	软件操作	40 分钟	将所选择的保险产品录入实验软件,并运用软件制作保险建议书
实验总结				
教师评语				

二、实验操作与记录

(一)保险需求分析

(1)请将客户资料描述如下:

_____

_____

_____

_____

(2)客户风险分析如下:

面临风险 1:_____

处理方法:_____

_____

面临风险 2:_____

处理方法：_____

_____

_____

面临风险 3：_____
处理方法：_____

_____

_____

面临风险 4：_____
处理方法：_____

_____

_____

面临风险 5：_____
处理方法：_____

_____

_____

面临风险 6：_____
处理方法：_____

_____

_____

面临风险 7：_____
处理方法：_____

_____

_____

面临风险 8：_____
处理方法：_____

_____

_____

（3）保险需求分析如下（如果预留空格不够，可以直接将结果写在保险产品组合表格中）：

客户：_____
保险需求 1：_____
需求金额：_____
需求期限：_____
客户：_____
保险需求 2：_____
需求金额：_____
需求期限：_____
客户：_____

保险需求 3：_____

需求金额：_____

需求期限：_____

客户：_____

保险需求 4：_____

需求金额：_____

需求期限：_____

客户：_____

保险需求 5：_____

需求金额：_____

需求期限：_____

客户：_____

保险需求 6：_____

需求金额：_____

需求期限：_____

客户：_____

保险需求 7：_____

需求金额：_____

需求期限：_____

客户：_____

保险需求 8：_____

需求金额：_____

需求期限：_____

（二）保险计划制订（保险产品组合）

（1）客户保费支付能力测算。

客户保费支付能力总金额是（每年）：_____

上述金额确定依据是：_____

_____

_____

_____

（2）保险产品组合（如果预留空格不够，可以直接将结果写在保险产品组合表格中）。

拟推荐给客户_____的保险产品 1（名称）：_____

满足保险需求分析中的_____保险需求。保险期间是：_____

该推荐产品对应的保费（每年）是：_____

缴费期间是：_____

拟推荐给客户_____的保险产品 2（名称）：_____

满足保险需求分析中的_____保险需求。保险期间是：_____

该推荐产品对应的保费（每年）是：＿＿＿＿＿＿＿＿＿＿＿＿＿＿＿＿＿＿＿

缴费期间是：＿＿＿＿＿＿＿＿＿＿＿＿＿＿＿＿＿＿＿＿＿＿＿＿＿＿＿＿＿＿＿

拟推荐给客户＿＿＿＿＿＿的保险产品 3（名称）：＿＿＿＿＿＿＿＿＿＿＿＿

满足保险需求分析中的＿＿＿＿＿＿保险需求。保险期间是：＿＿＿＿＿＿＿＿

该推荐产品对应的保费（每年）是：＿＿＿＿＿＿＿＿＿＿＿＿＿＿＿＿＿＿＿

缴费期间是：＿＿＿＿＿＿＿＿＿＿＿＿＿＿＿＿＿＿＿＿＿＿＿＿＿＿＿＿＿＿＿

拟推荐给客户＿＿＿＿＿＿的保险产品 4（名称）：＿＿＿＿＿＿＿＿＿＿＿＿

满足保险需求分析中的＿＿＿＿＿＿保险需求。保险期间是：＿＿＿＿＿＿＿＿

该推荐产品对应的保费（每年）是：＿＿＿＿＿＿＿＿＿＿＿＿＿＿＿＿＿＿＿

缴费期间是：＿＿＿＿＿＿＿＿＿＿＿＿＿＿＿＿＿＿＿＿＿＿＿＿＿＿＿＿＿＿＿

拟推荐给客户＿＿＿＿＿＿的保险产品 5（名称）：＿＿＿＿＿＿＿＿＿＿＿＿

满足保险需求分析中的＿＿＿＿＿＿保险需求。保险期间是：＿＿＿＿＿＿＿＿

该推荐产品对应的保费（每年）是：＿＿＿＿＿＿＿＿＿＿＿＿＿＿＿＿＿＿＿

缴费期间是：＿＿＿＿＿＿＿＿＿＿＿＿＿＿＿＿＿＿＿＿＿＿＿＿＿＿＿＿＿＿＿

拟推荐给客户＿＿＿＿＿＿的保险产品 6（名称）：＿＿＿＿＿＿＿＿＿＿＿＿

满足保险需求分析中的＿＿＿＿＿＿保险需求。保险期间是：＿＿＿＿＿＿＿＿

该推荐产品对应的保费（每年）是：＿＿＿＿＿＿＿＿＿＿＿＿＿＿＿＿＿＿＿

缴费期间是：＿＿＿＿＿＿＿＿＿＿＿＿＿＿＿＿＿＿＿＿＿＿＿＿＿＿＿＿＿＿＿

拟推荐给客户＿＿＿＿＿＿的保险产品 7（名称）：＿＿＿＿＿＿＿＿＿＿＿＿

满足保险需求分析中的＿＿＿＿＿＿保险需求。保险期间是：＿＿＿＿＿＿＿＿

该推荐产品对应的保费（每年）是：＿＿＿＿＿＿＿＿＿＿＿＿＿＿＿＿＿＿＿

缴费期间是：＿＿＿＿＿＿＿＿＿＿＿＿＿＿＿＿＿＿＿＿＿＿＿＿＿＿＿＿＿＿＿

拟推荐给客户＿＿＿＿＿＿的保险产品 8（名称）：＿＿＿＿＿＿＿＿＿＿＿＿

满足保险需求分析中的＿＿＿＿＿＿保险需求。保险期间是：＿＿＿＿＿＿＿＿

该推荐产品对应的保费（每年）是：＿＿＿＿＿＿＿＿＿＿＿＿＿＿＿＿＿＿＿

缴费期间是：＿＿＿＿＿＿＿＿＿＿＿＿＿＿＿＿＿＿＿＿＿＿＿＿＿＿＿＿＿＿＿

（3）请将上述保险产品组合绘制成表格。

（三）保险建议书写作（如果没有电脑软件系统也可以手工制作）

（1）对照保险建议书的主要内容，检查本实验中缺少的内容，如名词解释、保单利益演示、注意事项等，进行补充。

（1）本实验中需要解释的保险专业名词主要如下（列举出来即可，不需要解释）：

_____

_____

（2）本实验中保单利益（本计划可以为客户带来哪些利益）演示示范如下：

（3）本实验中保险建议书的注意事项如下：

_____

_____

_____

_____

_____

_____

_____

（4）请将各项数据和资料输入电脑系统，生成建议书（视条件完成）。

实验 13　保险投标书写作

第一部分　保险招投标基础知识

保险投标书属于广义保险建议书的范畴，是在参与投标时才使用的一种建议书。保险投标书是投标人正式表达竞标意愿，提出竞标条件与价格，阐述风险转移效果，并向招标人和评委展示本公司经营状况与承保能力的书面文件。我国的保险招投标活动，最早始于党政机关的车辆险招标，后来不断发展，现已扩展到企业财产险、工程险、责任险、行业统保、一揽子保险、企业年金保险和团体意外伤害保险等许多业务领域，并有不断扩大之势。随着各单位成本效益观念的增强，办事透明度的提高，招投标机会的增多，保险投标书使用得越来越普遍。在财险公司或者寿险公司的团险部门，保险投标书的写作是一项基本技能。

一、保险投标书的作用

（一）能体现公司的专业化形象，展示业务人员的业务水平

现在保险市场已由卖方市场向买方市场转变，客户的素质在提高，投保决策更趋于理性。特别是在招投标过程中，参加竞标的保险公司众多，竞争非常激烈，招标人和评委可以有多种选择余地。如能为客户设计制作一份高水平的精美的投标书，就可以给招标人留下良好的第一印象，体现公司的专业化形象，展示业务人员的综合素质。

我们从一份投标书里面，至少可以反映出业务人员的以下几种能力：对客户资料的收集能力；对客户需求的把握能力；对风险的评估与控制能力；对险种条款的理解与组合搭配能力；对承保条件与费率的解说能力；对文字材料的表达能力；对多媒体技术的应用能力；对保险产品的包装能力。因此，投标书实际上是公司业务员综合素质与能力的展示。

（二）能对所推销的保险产品进行书面说明，对保险商品进行包装，使无形商品有形化

投标书既是对公司经营状况、服务水平和承保能力的展示，也是对所推销的保险产品的险种、利益、责任范围、价格等情况进行的一种书面说明。由于保险是种无形商品（以合同为载体），要用有形化的方法去推销。一份精美的投标书能给招标人和评委带来感官上的满足，更直观可见，也使保险条款通俗化，易被客户接受，强化了购买欲望。

（三）能让客户比较保险商品，展示本公司独特的竞争优势

保险商品虽然不能马上试用，但可以通过保险投标书进行比较。在实际招投标活动中，招标单位一般会提供招标书范本，所有应标企业都必须按照标书的格式和内容等要求填写，具有鲜明的可比较性。

二、保险投标书的完整结构

投标书作为参加业务竞标的一种必备的书面文件，必须全面反映公司的基本经营

状况、承保技术能力与经验、承保价格与条件、履约能力与服务水平。

投标书是对招标书的一种回应与解答，其内容必须与招标书的内容相对应，语句必须通畅，结构要求尽量完整。因此，参与投标的公司业务人员应在理解和吃透招标文件，对拟承保的风险标的进行了认真的现场查勘和风险评估的基础上，根据招标书的具体要求来设计制作。投标书内容包括以下方面（以企业财产险为例）：

（一）封面

封面应包括司徽、公司名称、建议书名称、时间。

（二）致函信

致函信主要是向投保的公司表示问候，并表达愿提供风险保障服务的意愿。

（三）公司法定代表人的授权（或转授权）委托书

随着社会公众法律意识的增强，业务人员参加投标的业务活动必须得到本公司法定代表人的授权。

（四）公司经营保险业务许可证、工商营业执照的复印件

这主要是为了提供资格证明，取得参加竞标业务的合法性。

（五）公司简介

公司简介主要反映公司的基本经营状况与业务能力。

（六）公司的承保优势

每个公司都有自己独特的竞争优势，应充分如实地展示出来，如资本实力、信誉、品牌、人才、技术、机构网络、承保同类企业或项目的经历与经验、参与同类项目的理赔经验、完善的分保机制、优惠条件等。

（七）防范风险能力介绍

防范风险能力介绍的内容包括公司实际偿付能力、资本金、准备金构成情况、再保险支持、财务状况或附财务报表。

（八）服务承诺

保险业的竞争，更多地体现在优质的服务上面，必须提出明确的、具有可操作性的服务措施，如上门办理投保、24 小时电话专线服务、及时有效的现场服务、定时拜访检查、防灾防损服务、保险专业培训、外出参观考察、及时查勘、索赔程序与理赔时限、异地代查勘理赔、事故分析检测、紧急救险、先行垫付赔款等。

（九）投保方案（或保险建议）

应根据客户面临的风险情况和招标书的要求，建议其应投保哪些险种及组合，有时可提供几种方案供客户选择。

（十）费率介绍及报价（有的要写"报价说明"）

这是一个关键性的技术问题，应科学合理。

（十一）保险服务人员（或工作组成员）的名单、工作简历与承保经验、通信录

保险服务人员（或工作组成员）的名单、工作简历与承保经验、通信录是必备要件。

（十二）附件

附件主要包括以下内容：

（1）投保的各险种条款及费率（包括一些扩展条款）；

（2）风险评估报告（少数客户要求提供）；

（3）招标书问卷解答（有的招标书中有此要求）；

（4）理算人简介；

（5）理赔单证（如出险通知书损失清单、权益转让书等）。

（十三）封底

封底包括公司地址、联系电话、传真号码、邮编。

三、保险投标书写作要点

（一）突出实质和要点，处理好枝蔓关系

我们先来看一份结构和行文上较好的保险投标书。

标题：××市自来水公司机动车辆保险投标书。开篇第一页，服务承诺书（致函的性质，首先向招标人致谢，之后表示重视态度、竞标的决心。其次是全书内容概述，相当于目录。最后是声明投标书内容真实、合法等）。

正文第一部分，公司简介。其主要作用是介绍投标人的资质和业绩等情况。第二部分，服务人员及营业网点。介绍针对这次招标项目成立的专门机构和人员分工。第三部分，承保服务方案。从风险评估到险种推介，再到价格标准等为这次招标项目量身定做的方案。第四部分，理赔服务方案。介绍投标人为机动车辆保险建立的一套快速、准确、合理的理赔机制。第五部分，特色服务方案。除以上保险服务项目外，投标人可以提供的其他优惠措施、条件。第六部分，结束语。列举投标人以前竞标成功的典型例子，表达希望这次能够成功的挚诚。正文部分之后再附上营业执照、险种条款等相关附件。为了方便阅读、提请注意，正文每一部分前面都先用简明、醒目的文字把该部分的精要归纳、提示出来。

毫无疑问，这份保险投标书的表达效果是较好的。首先，可以看出投标人高度重视这次招标，认真做了一番专门的研究、设计。其次，在总体上做了精心的设计、布局，给人紧扣实质、主次分明、布局紧凑的感觉。对于增加招标中的竞争力，应该具有加分效果。

（二）适当追求语言的文采，增强感染力

保险投标书的语言风格应该以平实、严谨为主体风格，但并不意味不注重文采。现实中一些保险投标书语言刻板、单调，千文一面，文笔缺少灵气、生动，读之味同嚼蜡。因此，适当追求文采，增强语言的感染力，还是很有必要的。当然，涉及实质性、技术性问题之处，应注意客观、准确、真实、科学，不能华而不实、天花乱坠。但涉及介绍投标人的经营理念、企业文化、与招标人联络感情等方面，不妨写出文采。例如，适当穿插精心提炼的广告用语、服务用语，适当采用排比、比喻、对仗等修辞手法。

（三）不能"丑话"在前，先从心理上拒人千里之外

保险经营涉及保险人和被保险人之间复杂的权利义务关系，保险投标书由于其要约性、技术性等法律特点，对招标人进行重要的保险告知还是必要的。问题是这些内

容该放在什么位置。如果在卷首语部分就先告知被保险人（招标人）注意这样、注意那样，"丑话"在前，先小人后君子，试想招标人开始就被一盆冷水浇头，读了会做何感想呢？这说明撰写者一是没有摆正自己的位置，二是缺乏必要的谈判和劝服技巧。一些对招标人的重要告知、要求，结构上应置后。在承保方案、服务质量等能打动、劝服招标人的前提下，再婉言提出一些对招标人的告知要求，这样才妥当。

第二部分　实验设计

一、实验基本情况

（一）实验目的

通过实验教学，让学生了解保险公司投标文件的架构和主要内容，了解投标文件制作的方法和技巧，了解招投标的基础知识，了解投标文件中各部分的写作，了解必要的文字风格及排版技巧。

（二）环境用具

电脑、保险实验教学软件、Word 等办公软件、扫描仪（高仿真实验时需要）。

（三）实验学时

3 学时。

（四）实验形式

案例分析、分组讨论。

（五）实验重点

保险投标书的主要架构与主要内容。

二、实验内容与教学组织

（一）招标书研读

（1）上网搜索招标书或者投标书。

（2）仔细研读招标书或者投标书的内容，了解投标书的主要架构和内容。

（二）投标书解构和分析

（1）请学生将所看到的投标书进行解构，绘制投标书结构图。

（2）请学生逐项指出哪些项目是证明材料等，哪些项目需要针对保险标的进行描述，让学生了解材料的来源与写作的基本要求。

（三）投标书模拟写作

（1）请学生以上述投标书为例，模拟重新制作一份投标书，但是要更换一家保险公司。

（2）从这家新的保险公司角度出发，考虑需要准备的资料如何获取，思考如何撰写需要写的部分。

（3）具备条件时，可以将制作一份完整的保险投标书作为课外作业。

【注意事项】

（1）教师可以事先准备投标书案例电子版，当学生上网搜索不到案例时提供给学生参考，保障实验的顺利进行。

（2）公司资质证明文件一定要齐全，否则很容易形成废标。

（3）提醒学生注意保密，对案例中涉及的公司、人名、资质证书、证明文件等注意保密。

【思考题】

（1）保险经纪公司的投标书制作与保险公司的投标书制作是否一样。

（2）投标书制作需要在公司内部哪些部门之间进行协调？

【参考文献】

[1] 彭跃发. 如何设计精美的保险投标书 [J]. 上海保险，2004（7）.

[2] 吴剑云. 保险投标书写法研究 [J]. 上海保险，2005（5）.

第三部分　实验报告

一、实验报告总表

实验报告总表如表13.1所示：

表 13.1 　　　　　　　　　　　　　　实验报告总表

实验编号及实验名称	实验 13　保险投标书写作				
分组编号		组长姓名		组长学号	
实验地点		实验日期		实验时数	3 学时
指导教师		同组其他成员		评定成绩	
实验内容及步骤	实验内容	教学形式	时间控制	注意事项	
	招标书研读	分组讨论	40 分钟	自行搜索招标书或投标书，了解投标书的主要架构和内容	
	投标书解构和分析	分组讨论，案例分析	40 分钟	绘制投标书结构图，区分证明材料和写作材料	
	投标书模拟写作	分组讨论	40 分钟	更换的保险公司必须是真实的，不可虚拟；本步骤实验重点在于了解材料的来源与写作的基本要求	

表13.1(续)

实验总结	
教师评语	

二、实验操作与记录

（一）招标书（投标书）研读

（1）上网搜索招标书或者投标书。

本小组研读的案例（投标书）是：＿＿＿＿＿＿＿＿＿＿＿＿＿＿＿＿＿＿

＿＿＿＿＿＿＿＿＿＿＿＿＿＿＿＿＿＿＿＿＿＿＿＿＿＿＿＿＿＿＿＿＿＿＿

＿＿＿＿＿＿＿＿＿＿＿＿＿＿＿＿＿＿＿＿＿＿＿＿＿＿＿＿＿＿＿＿＿＿＿

＿＿＿＿＿＿＿＿＿＿＿＿＿＿＿＿＿＿＿＿＿＿＿＿＿＿＿＿＿＿＿＿＿＿＿

（2）仔细研读招标书（或者投标书）内容，了解投标书的主要架构和内容。

本小组研读的投标书字数为：＿＿＿＿＿＿　页数为：＿＿＿＿＿＿＿＿＿＿

（二）投标书解构和分析

（1）本小组所研究的投标书的结构图如下：

（2）请逐项指出哪些项目是证明材料等，哪些项目需要针对保险标的进行描述。

_____

_____

_____

_____

_____

_____

_____

_____

_____

_____

_____

_____

_____

_____

_____

_____

_____

_____

_____

_____

_____

_____

_____

_____

（三）投标书模拟写作

（1）本小组更换一家保险公司，原公司是：_____

新公司是：_____

（2）从这家新的保险公司角度出发解决以下问题：

①需要准备的资质、证明类资料如何获取。

材料名称：_____　　　获取方法：_____

材料名称：_____　　　获取方法：_____

材料名称：_____　　　获取方法：_____

材料名称：＿＿＿＿＿＿＿＿＿＿　获取方法：＿＿＿＿＿＿＿＿＿＿＿＿＿＿
材料名称：＿＿＿＿＿＿＿＿＿＿　获取方法：＿＿＿＿＿＿＿＿＿＿＿＿＿＿
材料名称：＿＿＿＿＿＿＿＿＿＿　获取方法：＿＿＿＿＿＿＿＿＿＿＿＿＿＿
材料名称：＿＿＿＿＿＿＿＿＿＿　获取方法：＿＿＿＿＿＿＿＿＿＿＿＿＿＿
材料名称：＿＿＿＿＿＿＿＿＿＿　获取方法：＿＿＿＿＿＿＿＿＿＿＿＿＿＿
材料名称：＿＿＿＿＿＿＿＿＿＿　获取方法：＿＿＿＿＿＿＿＿＿＿＿＿＿＿
材料名称：＿＿＿＿＿＿＿＿＿＿　获取方法：＿＿＿＿＿＿＿＿＿＿＿＿＿＿
材料名称：＿＿＿＿＿＿＿＿＿＿　获取方法：＿＿＿＿＿＿＿＿＿＿＿＿＿＿
材料名称：＿＿＿＿＿＿＿＿＿＿　获取方法：＿＿＿＿＿＿＿＿＿＿＿＿＿＿
材料名称：＿＿＿＿＿＿＿＿＿＿　获取方法：＿＿＿＿＿＿＿＿＿＿＿＿＿＿
材料名称：＿＿＿＿＿＿＿＿＿＿　获取方法：＿＿＿＿＿＿＿＿＿＿＿＿＿＿
材料名称：＿＿＿＿＿＿＿＿＿＿　获取方法：＿＿＿＿＿＿＿＿＿＿＿＿＿＿
材料名称：＿＿＿＿＿＿＿＿＿＿　获取方法：＿＿＿＿＿＿＿＿＿＿＿＿＿＿
材料名称：＿＿＿＿＿＿＿＿＿＿　获取方法：＿＿＿＿＿＿＿＿＿＿＿＿＿＿
材料名称：＿＿＿＿＿＿＿＿＿＿　获取方法：＿＿＿＿＿＿＿＿＿＿＿＿＿＿
材料名称：＿＿＿＿＿＿＿＿＿＿　获取方法：＿＿＿＿＿＿＿＿＿＿＿＿＿＿
材料名称：＿＿＿＿＿＿＿＿＿＿　获取方法：＿＿＿＿＿＿＿＿＿＿＿＿＿＿
材料名称：＿＿＿＿＿＿＿＿＿＿　获取方法：＿＿＿＿＿＿＿＿＿＿＿＿＿＿
材料名称：＿＿＿＿＿＿＿＿＿＿　获取方法：＿＿＿＿＿＿＿＿＿＿＿＿＿＿

②需要撰写的材料部分，本小组打算突出公司的哪些优势。
需要写作部分名称：＿＿＿＿＿＿＿＿＿＿＿＿＿＿＿＿＿＿＿＿＿＿＿＿
本公司的优势：＿＿＿＿＿＿＿＿＿＿＿＿＿＿＿＿＿＿＿＿＿＿＿＿＿＿＿
＿＿＿＿＿＿＿＿＿＿＿＿＿＿＿＿＿＿＿＿＿＿＿＿＿＿＿＿＿＿＿＿＿＿
需要写作部分名称：＿＿＿＿＿＿＿＿＿＿＿＿＿＿＿＿＿＿＿＿＿＿＿＿
本公司的优势：＿＿＿＿＿＿＿＿＿＿＿＿＿＿＿＿＿＿＿＿＿＿＿＿＿＿＿
＿＿＿＿＿＿＿＿＿＿＿＿＿＿＿＿＿＿＿＿＿＿＿＿＿＿＿＿＿＿＿＿＿＿
需要写作部分名称：＿＿＿＿＿＿＿＿＿＿＿＿＿＿＿＿＿＿＿＿＿＿＿＿
本公司的优势：＿＿＿＿＿＿＿＿＿＿＿＿＿＿＿＿＿＿＿＿＿＿＿＿＿＿＿
＿＿＿＿＿＿＿＿＿＿＿＿＿＿＿＿＿＿＿＿＿＿＿＿＿＿＿＿＿＿＿＿＿＿
需要写作部分名称：＿＿＿＿＿＿＿＿＿＿＿＿＿＿＿＿＿＿＿＿＿＿＿＿
本公司的优势：＿＿＿＿＿＿＿＿＿＿＿＿＿＿＿＿＿＿＿＿＿＿＿＿＿＿＿
＿＿＿＿＿＿＿＿＿＿＿＿＿＿＿＿＿＿＿＿＿＿＿＿＿＿＿＿＿＿＿＿＿＿
需要写作部分名称：＿＿＿＿＿＿＿＿＿＿＿＿＿＿＿＿＿＿＿＿＿＿＿＿
本公司的优势：＿＿＿＿＿＿＿＿＿＿＿＿＿＿＿＿＿＿＿＿＿＿＿＿＿＿＿
＿＿＿＿＿＿＿＿＿＿＿＿＿＿＿＿＿＿＿＿＿＿＿＿＿＿＿＿＿＿＿＿＿＿
需要写作部分名称：＿＿＿＿＿＿＿＿＿＿＿＿＿＿＿＿＿＿＿＿＿＿＿＿

本公司的优势：＿＿＿＿＿＿＿＿＿＿＿＿＿＿＿＿＿＿＿＿＿＿

＿＿＿＿＿＿＿＿＿＿＿＿＿＿＿＿＿＿＿＿＿＿＿＿＿＿＿＿＿＿＿

需要写作部分名称：＿＿＿＿＿＿＿＿＿＿＿＿＿＿＿＿＿＿＿＿

本公司的优势：＿＿＿＿＿＿＿＿＿＿＿＿＿＿＿＿＿＿＿＿＿＿

＿＿＿＿＿＿＿＿＿＿＿＿＿＿＿＿＿＿＿＿＿＿＿＿＿＿＿＿＿＿＿

需要写作部分名称：＿＿＿＿＿＿＿＿＿＿＿＿＿＿＿＿＿＿＿＿

本公司的优势：＿＿＿＿＿＿＿＿＿＿＿＿＿＿＿＿＿＿＿＿＿＿

＿＿＿＿＿＿＿＿＿＿＿＿＿＿＿＿＿＿＿＿＿＿＿＿＿＿＿＿＿＿＿

需要写作部分名称：＿＿＿＿＿＿＿＿＿＿＿＿＿＿＿＿＿＿＿＿

本公司的优势：＿＿＿＿＿＿＿＿＿＿＿＿＿＿＿＿＿＿＿＿＿＿

＿＿＿＿＿＿＿＿＿＿＿＿＿＿＿＿＿＿＿＿＿＿＿＿＿＿＿＿＿＿＿

需要写作部分名称：＿＿＿＿＿＿＿＿＿＿＿＿＿＿＿＿＿＿＿＿

本公司的优势：＿＿＿＿＿＿＿＿＿＿＿＿＿＿＿＿＿＿＿＿＿＿

＿＿＿＿＿＿＿＿＿＿＿＿＿＿＿＿＿＿＿＿＿＿＿＿＿＿＿＿＿＿＿

需要写作部分名称：＿＿＿＿＿＿＿＿＿＿＿＿＿＿＿＿＿＿＿＿

本公司的优势：＿＿＿＿＿＿＿＿＿＿＿＿＿＿＿＿＿＿＿＿＿＿

＿＿＿＿＿＿＿＿＿＿＿＿＿＿＿＿＿＿＿＿＿＿＿＿＿＿＿＿＿＿＿

需要写作部分名称：＿＿＿＿＿＿＿＿＿＿＿＿＿＿＿＿＿＿＿＿

本公司的优势：＿＿＿＿＿＿＿＿＿＿＿＿＿＿＿＿＿＿＿＿＿＿

＿＿＿＿＿＿＿＿＿＿＿＿＿＿＿＿＿＿＿＿＿＿＿＿＿＿＿＿＿＿＿

需要写作部分名称：＿＿＿＿＿＿＿＿＿＿＿＿＿＿＿＿＿＿＿＿

本公司的优势：＿＿＿＿＿＿＿＿＿＿＿＿＿＿＿＿＿＿＿＿＿＿

＿＿＿＿＿＿＿＿＿＿＿＿＿＿＿＿＿＿＿＿＿＿＿＿＿＿＿＿＿＿＿

需要写作部分名称：＿＿＿＿＿＿＿＿＿＿＿＿＿＿＿＿＿＿＿＿

本公司的优势：＿＿＿＿＿＿＿＿＿＿＿＿＿＿＿＿＿＿＿＿＿＿

＿＿＿＿＿＿＿＿＿＿＿＿＿＿＿＿＿＿＿＿＿＿＿＿＿＿＿＿＿＿＿

需要写作部分名称：＿＿＿＿＿＿＿＿＿＿＿＿＿＿＿＿＿＿＿＿

本公司的优势：＿＿＿＿＿＿＿＿＿＿＿＿＿＿＿＿＿＿＿＿＿＿

＿＿＿＿＿＿＿＿＿＿＿＿＿＿＿＿＿＿＿＿＿＿＿＿＿＿＿＿＿＿＿

3. 请尝试在课外时间制作一份完整的保险投标书。

第 7 章　保险客户关系管理与服务

实验 14　保险客户关系管理与服务

第一部分　保险客户关系管理与服务基础知识

一、客户关系管理

（一）客户关系管理的定义

客户关系管理（Customer Relationship Management，CRM，下同）的定义是：企业利用相应的信息技术来协调企业与顾客间在销售、营销和服务上的交互，从而提升企业的管理方式，向客户提供创新式的、个性化的客户交互和服务的过程。客户关系管理的最终目标是吸引新客户、保留老客户以及将已有客户转为忠实客户。保险公司（营销员）将 CRM 理论用于对保险（准）客户的管理，可以为保险营销工作提升效率。

客户关系管理的工具一般为 CRM 软件。从软件关注的重点来看，CRM 软件分为操作型和分析型两大类，当然也有两者并重的。操作型更加关注业务流程、信息记录，提供便捷的操作和人性化的界面；分析型往往基于大量的企业日常数据，对数据进行挖掘分析，找出客户、产品、服务的特征，从而修正企业的产品策略、市场策略。

（二）客户关系管理的功能

客户关系管理的功能主要有市场营销中的客户关系管理、销售过程中的客户关系管理、客户服务过程中的客户关系管理。

1. 市场营销中的客户关系管理

客户关系管理系统在市场营销过程中可以有效地帮助市场人员分析现有的目标客户群体，如主要客户群体集中在哪个行业、哪个职业、哪个年龄层次、哪个地域等，从而帮助市场人员进行精确的市场投放。客户关系管理能有效分析每一次市场活动的投入产出比，根据与市场活动相关联的回款记录及举行市场活动的报销单据进行计算，可以统计出所有市场活动的效果报表。

2. 销售过程中的客户关系管理

销售是客户关系管理系统中的主要组成部分，主要包括潜在客户、客户、联系人、业务机会、订单、回款单、报表统计图等模块。业务员通过记录沟通内容、建立日程安排、查询预约提醒、快速浏览客户数据，可以有效缩短工作时间。大额业务提醒、销售漏斗分析、业绩指标统计、业务阶段划分等功能又可以有效帮助管理人员提高整个公司的成单率，缩短销售周期，从而实现最大效益的业务增长。

3. 客户服务过程中的客户关系管理

客户服务主要是用于快速及时地获得问题客户的信息、客户历史问题记录等，这样可以有针对性并且高效地为客户解决问题，提高客户的满意度，提升企业形象。客户关系管理系统主要功能包括客户反馈、解决方案、满意度调查等功能。应用客户反馈中的自动升级功能，可让管理者第一时间得到超期未解决的客户请求，解决方案功能使全公司所有员工都可以立刻提交给客户最为满意的答案，满意度调查功能又可以使最高层的管理者随时获知本公司客户服务的真实水平。有些客户关系管理软件还会集成呼叫中心系统，这样可以缩短客户服务人员的响应时间，对提高客户服务水平也起到了很好的作用。

市面上很多的客户关系管理软件都会有很多其他功能，如办公管理、行政管理、进销存等，但是这些系统只是为使用者更加方便而产生的，其实与真正的客户关系管理没有任何的关系。

（三）保险营销员个人的客户关系管理

客户管理是营销员对客户资源进行分类和整理后，通过不同类别的专业化工作流程，对客户进行精细化经营，最终达到成交、获取转介绍等目标的过程。保险营销员客户管理的最高境界就是既能成功开拓市场，又能实现维护市场，最终树立个人品牌、提升公司形象（见图 14.1）。

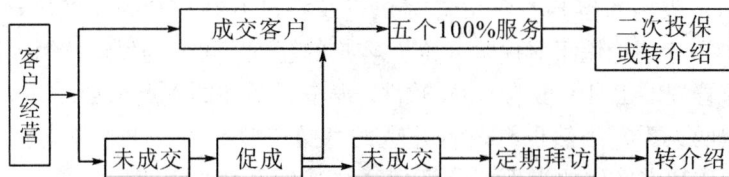

图 14.1　保险营销员个人的客户管理

保险营销员应该将客户资料（包括客户姓名、出生年月、配偶姓名及年龄、儿女年龄、工作类型、职业、收入、家庭地址、教育背景、职位、对保险的认识、性格特点、曾经投保情况）及时录入 CRM 软件中，或者按照具体情况进行记录。此外，保险营销员应该将展业过程（包括预定拜方时间、地点、拜访次数、内容、拜访后的印象、客户需求情况、成交的可能、促成方法、不能成交的原因、补充说明等）也一并进行记录，方便随时查看，及时跟进。

保险营销员日常的客户管理还包括保单保全。典型的保全作业包括投保人资料变更、更换投保人、受益人变更、保额变更、被保险人职业变更、年龄性别变更、续期交费方式变更、补发保单、附加险加保、减少保额或退保、保单迁移、满期或生存保险金给付、保单复效、部分领取及保险单借款等。不同的保单保全项目所需要的材料不尽相同，手续要求也有差异，保险营销员要做好协助工作，提高客户管理效果和满意度。

二、保险客户服务

（一）保险客户服务的定义与作用

1. 定义

保险客户服务是指保险人（保险营销员）在与现有客户及潜在客户接触的阶段，通过畅通有效的服务渠道，为客户提供产品信息、品质保证、合同义务履行、客户保全、纠纷处理等项目的服务及基于客户的特殊要求和对客户的特别关注而提供的附加服务内容，包括售前、售中和售后服务。

售前服务是为潜在的消费者提供各种有关保险行业、保险产品的信息、资讯及咨询，免费举办讲座，协助客户进行风险规划、为客户量身设计保险等服务。售中服务，即保险买卖过程中为客户提供的服务，包括协助投保人填投保单、保险条款的准确解释、带客户体检、送达保单、为客户办理自动交费手续等。售后服务，即客户签单后为客户提供的一系列服务，包括免费咨询热线、客户回访、生存金给付、保险赔付、投诉处理、保全办理等。

2. 作用

保险表面上买卖的是一纸合同，其实质交易的却是一种服务。保险人与被保险人之间的主要关系就是服务与被服务的关系。服务贯穿于整个保险活动中，是保险的生命。服务质量的好坏、服务水平的高低决定着保险公司的兴衰存亡。

优质的服务有利于增加客户对保险的了解和认识，缩短保险公司与客户的距离，增强客户的信任感，提高客户的忠诚度，树立保险公司的良好企业形象，提高公司的市场竞争力。同时，好的客户服务使保险公司更好地了解客户需求，满足客户需要，从而提高保险公司续保率、增加新保单，降低公司经营成本，为保险公司带来销售，创造利润。因此，优质的服务是一种双赢策略，即顾客满意、企业获利。相反，低劣的服务将严重损害保险公司的形象，流失原有客户群，导致保户退保、断交保费、拒绝续保以及失去客户源等一系列不良后果。

（二）保险公司客户服务的部门设置与服务内容

1. 部门设置

保险公司的客户服务部门一般包括新单业务岗、保全服务岗、理赔岗、单证管理岗、收付费岗、投诉咨询回访督察岗。新单业务岗主要负责处理新单受理、承保的全过程，包括业务员交单、接单初审、新单受理、投保资料录入、交接、归档、核保等业务。保全服务岗主要提供保险合同期间，为维持合同持续有效的一系列服务，包括客户资料变更、合同内容变更、生存领取、合同解除、续期收费、合同复效、合同挂失补发等业务。理赔岗负责赔案过程的所有业务，包括结案受理、调查取证、复核审批、理赔处理等业务。单证管理岗主要负责业务单证的印刷、入库、申请领用、发放、调拨、核销、销毁和结算等。收付费岗负责保险费、保险金等业务收付的行为。投诉咨询回访督察岗负责处理客户的投诉，回复客户关于保险行业情况、保险市场情况、保险公司情况、现有保险产品及保险条款内容等方面的咨询，对客户进行新单回访、代办回访、失效回访、永久失效回访、给付回访等回访工作，并对业务员进行监督，处理业务员的离司工作。客户服务部的主管管理并负责该部门的所有工作，另外也直接处理客户的投诉、纠纷及对业务员的督察工作。

2. 服务内容

（1）提供咨询服务。顾客在购买保险之前需要了解有关的保险信息，如保险行业的情况、保险市场的情况、保险公司的情况、现有保险产品、保单条款内容等。保险人可以通过各种渠道将有关的保险信息传递给消费者，而且要求信息的传递准确、到位。在咨询服务中，保险销售人员充当着非常重要的角色，当顾客有购买保险的愿望时，一定要提醒顾客阅读保险条款，同时要对保险合同的条款、术语等向顾客进行明确的说明。尤其是对责任免除、投保人、被保险人义务条款的含义、适用情况及将会产生的法律后果，特别要进行明确的解释与说明。

（2）风险规划与管理服务。首先，帮助顾客识别风险，包括家庭风险的识别和企业风险的识别。其次，在风险识别的基础上，帮助顾客选择风险防范措施，既要帮助他们做好家庭或企业的财务规划，又要帮助他们进行风险的防范。特别是对于保险标的金额较大或承保风险较为特殊的大中型标的，应向投保人提供保险建议书。保险建议书要为顾客提供超值的风险评估服务，并从顾客利益出发，设计专业化的风险防范与化解方案，方案要充分考虑市场因素和投保人可以接受的限度。

（3）接报案、查勘与定损服务。保险公司坚持"主动、迅速、准确、合理"的原则，严格按照岗位职责和业务操作实务流程的规定，做好接客户报案、派员查勘、定损等各项工作，全力协助客户尽快恢复正常的生产经营和生活秩序。在定损过程中，要坚持协商的原则，与客户进行充分的协商，尽量取得共识，达成一致的意见。

（4）核赔服务。核赔人员要全力支持查勘定损人员的工作，在规定的时间内完成核赔。核赔岗位和人员要对核赔结果是否符合保险条款及国家法律法规的规定负责。核赔部门在与查勘定损部门意见有分歧时，应共同协商解决，赔款额度确定后要及时通知客户。如发生争议，应告知客户解决争议的方法和途径。对拒赔的案件，经批复后要向客户合理解释拒赔的原因，并发出正式的书面通知，同时要告知客户维护自身利益的方法和途径。

（5）客户投诉处理服务。保险公司各级机构应高度重视客户的抱怨、投诉。通过对客户投诉的处理，应注意发现合同条款和配套服务上的不足，提出改进服务的方案和具体措施，并切实加以贯彻执行。

（三）保险营销员个人的客户服务

上述内容主要是指保险公司层面的客户服务，对于保险营销员来讲，熟悉上述内容非常必要。此外，保险营销员个人的客户服务内容略有差异，服务目标与重点也略有不同。在本书前面章节中已经介绍了保险营销员职业礼仪、职业道德、展业流程、保险写作等内容，大都属于保险营销员个人客户服务内容，在此不再重复。

第二部分　实验设计

一、实验基本情况

（一）实验目的

通过实验教学，让学生了解个人客户管理及保险公司客户管理的方法和技巧，了解客户管理软件，熟悉保险客户服务的内容和要求。

（二）环境用具

电脑、互联网、CRM 软件、保险实验教学软件、保险公司投保单、变更通知书等单证（电子版）。

（三）实验学时

3 学时。

（四）实验形式

软件操作、情景模拟。

（五）实验重点

了解 CRM 软件的基本运用，熟悉保险客户服务的基本内容。

二、实验内容与教学组织

（一）熟悉 CRM 软件

（1）根据教学环境，准备 CRM 软件，让学生了解 CRM 软件的基本结构与功能。

（2）在无 CRM 软件条件下，教师可以提前制作 CRM 软件介绍电子课件（PPT，下同），进行适当讲解。

（二）保险营销员客户管理模拟

（1）引导学生假设保险营销员工作情景，尤其是客户分类与筛选等环节，方便后续精细化营销活动的开展。

（2）给客户分类之后，对不同客户的特点等进行描述，并绘制本小组的客户分类管理表格或图形。

（3）选定其中某位客户，描述本小组的后续工作方案。

（三）保险客户服务的基本内容

（1）上网查找各保险公司的服务部门设置、服务内容或承诺等内容。

（2）查阅不同服务所需资料或流程等。

（3）小组自拟某项服务场景，按照保险服务的要求模拟实验。

【注意事项】

（1）保险实验室一般没有专门配备 CRM 软件，需要提前与其他实验室沟通，获取账号密码等。或者上网搜索免费试用软件，但是注意免费软件的局限性。

（2）在无 CRM 软件的条件下，可以制作 CRM 软件介绍 PPT，其他实验环节要随之灵活设置。

（3）教师可以提前准备部分保险公司网址、单证等资源，在学生搜索结果不理想时提供协助，保证实验顺利完成。

【思考题】

(1) CRM 系统有哪些作用？

(2) 保险营销员一般应该记录哪些客户资料？

(3) 保险客户服务有哪些作用？

(4) 保险公司客户服务有哪些部门？

(5) 保险营销员可以提供哪些服务？

【参考文献】

[1] 章金萍，李兵. 保险营销实务 [M]. 北京：中国金融出版社，2012.

[2] 孙郡锴. 做最好的保险推销员 [M]. 北京：中国华侨出版社，2009.

[3] 尹文莉. 保险营销技巧 [M]. 北京：清华大学出版社，2009.

第三部分　实验报告

一、实验报告总表

实验报告总表如表 14.1 所示：

表 14.1　　　　　　　　　　　　　实验报告总表

实验编号及实验名称	实验 14　保险客户关系管理与服务				
分组编号		组长姓名		组长学号	
实验地点		实验日期		实验时数	3 学时
指导教师		同组其他成员		评定成绩	
实验内容及步骤	实验内容	教学形式	时间控制	注意事项	
	熟悉 CRM 软件	软件操作分组讨论	30 分钟	使用 CRM 软件，熟悉 CRM 软件	
	保险客户分类	分组讨论	30 分钟	注意分类的标准，请绘制分类的表格或图形	
	保险客户服务部门设置	分组讨论	30 分钟	上网查找保险公司服务部门设置和服务内容等	
	保险营销员客户服务模拟	情景模拟	30 分钟	小组自行假设任务场景，完成服务项目	

表14.1(续)

实验总结	
教师评语	

二、实验操作与记录

（一）熟悉 CRM 软件

本小组接触的 CRM 软件名称是：_____

该 CRM 软件有哪些板块和功能（可以绘制示意图）：

（二）保险营销员客户管理模拟

（1）本小组客户分类的标准（或依据）是：_____

_____

（2）请将分类之后的结果用表格或图形进行描述：

（3）本小组选定的客户是：_____

本小组围绕该客户开展的后续工作方案是：_____

_____

_____

_____

_____

_____

_____

_____

_____

（三）保险客户服务的基本内容

（1）本小组查询的保险公司网站（要写中文名和网址）是：_____

_____

_____

_____

（2）保险公司客户服务部门设置与服务内容。

①本小组通过查阅发现，目标保险公司的客户服务部门设置如下（可绘制示意图）：

②本小组通过查阅发现，保险公司主要服务内容如下（可绘制示意图）：

（3）小组自拟某项服务场景，按照保险服务的要求模拟实验。

①本小组模拟的服务场景描述（客户需要哪种服务）：＿＿＿＿＿＿＿＿＿

＿＿＿＿＿＿＿＿＿＿＿＿＿＿＿＿＿＿＿＿＿＿＿＿＿＿＿＿＿＿＿＿＿＿＿＿＿

＿＿＿＿＿＿＿＿＿＿＿＿＿＿＿＿＿＿＿＿＿＿＿＿＿＿＿＿＿＿＿＿＿＿＿＿＿

②该项服务归属哪个部门？需要哪些材料？有哪些办理流程？

＿＿＿＿＿＿＿＿＿＿＿＿＿＿＿＿＿＿＿＿＿＿＿＿＿＿＿＿＿＿＿＿＿＿＿＿＿

＿＿＿＿＿＿＿＿＿＿＿＿＿＿＿＿＿＿＿＿＿＿＿＿＿＿＿＿＿＿＿＿＿＿＿＿＿

＿＿＿＿＿＿＿＿＿＿＿＿＿＿＿＿＿＿＿＿＿＿＿＿＿＿＿＿＿＿＿＿＿＿＿＿＿

＿＿＿＿＿＿＿＿＿＿＿＿＿＿＿＿＿＿＿＿＿＿＿＿＿＿＿＿＿＿＿＿＿＿＿＿＿

＿＿＿＿＿＿＿＿＿＿＿＿＿＿＿＿＿＿＿＿＿＿＿＿＿＿＿＿＿＿＿＿＿＿＿＿＿

＿＿＿＿＿＿＿＿＿＿＿＿＿＿＿＿＿＿＿＿＿＿＿＿＿＿＿＿＿＿＿＿＿＿＿＿＿

＿＿＿＿＿＿＿＿＿＿＿＿＿＿＿＿＿＿＿＿＿＿＿＿＿＿＿＿＿＿＿＿＿＿＿＿＿

＿＿＿＿＿＿＿＿＿＿＿＿＿＿＿＿＿＿＿＿＿＿＿＿＿＿＿＿＿＿＿＿＿＿＿＿＿

＿＿＿＿＿＿＿＿＿＿＿＿＿＿＿＿＿＿＿＿＿＿＿＿＿＿＿＿＿＿＿＿＿＿＿＿＿

＿＿＿＿＿＿＿＿＿＿＿＿＿＿＿＿＿＿＿＿＿＿＿＿＿＿＿＿＿＿＿＿＿＿＿＿＿

＿＿＿＿＿＿＿＿＿＿＿＿＿＿＿＿＿＿＿＿＿＿＿＿＿＿＿＿＿＿＿＿＿＿＿＿＿

＿＿＿＿＿＿＿＿＿＿＿＿＿＿＿＿＿＿＿＿＿＿＿＿＿＿＿＿＿＿＿＿＿＿＿＿＿

＿＿＿＿＿＿＿＿＿＿＿＿＿＿＿＿＿＿＿＿＿＿＿＿＿＿＿＿＿＿＿＿＿＿＿＿＿

＿＿＿＿＿＿＿＿＿＿＿＿＿＿＿＿＿＿＿＿＿＿＿＿＿＿＿＿＿＿＿＿＿＿＿＿＿

＿＿＿＿＿＿＿＿＿＿＿＿＿＿＿＿＿＿＿＿＿＿＿＿＿＿＿＿＿＿＿＿＿＿＿＿＿

第8章 会议经营

实验 15 晨会

第一部分 晨会基础知识

一、保险公司晨会的定义、要求和内容

（一）保险公司晨会的定义

保险营销员在日常工作中经常接触创业说明会、产品说明会和晨会等活动。其中，创业说明会主要用于增员，产品说明会主要用于现场集中推销，而晨会主要用于保险营销员信息交流和业务培训等。

具体来说，保险公司晨会是指保险公司为了便于管理保险代理人和提升团队业绩，定期举行的、以信息交流和业务培训为主的日常性会议活动。按照活动开展的时间不同，划分为晨会和夕会；按照活动开展的先后次序和对象不同，划分为大早会（一次早会）和二次早会（见图 15.1）。其中，晨会一般是 8:30~9:30 开展，比较常见；夕会可以在每天正式下班之前 1 小时左右开展，比较少用。大早会（一次早会）是针对本机构全体营销员开展，在时间上一般先于二次早会开展；二次早会是本机构不同代理人团队针对本团队成员开展，在开展时间上一般紧接大早会之后举行。寿险公司在晨会开展方面制度比较规范，经验比较丰富，而财险公司在晨会开展方面往往非常精简。

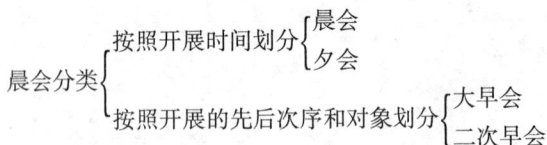

$$
\text{晨会分类}\begin{cases} \text{按照开展时间划分}\begin{cases} \text{晨会} \\ \text{夕会} \end{cases} \\ \text{按照开展的先后次序和对象划分}\begin{cases} \text{大早会} \\ \text{二次早会} \end{cases} \end{cases}
$$

图 15.1 保险公司晨会分类

（二）保险公司晨会的要求

保险公司晨会的要求如表 15.1 所示：

表 15.1　　　　　　　　　　　　　　保险公司晨会的要求

序号	项目	内容
1	参加人员	营销部门全体员工，包括代理人、营销管理人员等，有时也包括其他部门行政人员。
2	晨会时间	每个工作日 8:30~9:30，各公司具体时间略有差异；夕会比较少见，时间一般可以设置在正式下班前 1 小时。
3	晨会地点	各公司职场，开展专题晨会时可在其他场所。
4	晨会主持	营销部门或者总经理室。
5	晨会内容	晨会主要是信息交流和业务短训，各公司具体晨会内容略有差异。
6	其他要求	着装、会场纪律等。
7	晨会考勤	各公司视具体情况而定。

（三）保险公司晨会的内容

1. 保险公司晨会内容一般项目

保险公司晨会一般包括：

（1）入场；

（2）考勤；

（3）通报业务进度；

（4）公司信息动态、时政信息；

（5）专题短训；

（6）营销部内部宣讲（通知等）；

（7）二次早会。

2. 保险公司晨会案例

开动脑筋　提高拜访效率①

晨会背景：许多伙伴拜访很多，收获却很少，觉得很累，效益不佳，拜访效率低。

经营主题：通过晨会经营使伙伴们了解拜访效率低的原因，找到解决的办法，提高效率。

职场海报："时间有限，人事纷繁，我们应该力求把我们所有的时间用于做最有益的事情"；"合理安排时间就等于节约时间"；"时间抓起来就是金子，抓不住就是流水"。

大早会（一次早会）。

第一，温馨晨迎。

第二，晨操带动——"我真的很不错"。

第三，晨会故事——效率的价值。

第四，晨会游戏——"大瞎话"。

第五，感性时间——"向时间要效率，向技巧要时间"。

———————————

① 转摘自：中国养老金网（www.cnpension.net，2010-07-28），有删节。

第六，晨会专题——"拜访效率是可以提高的"。

二次早会。

二、保险公司晨会组织[①]

（一）时间经营和有续经营

就时间有续性而言，晨会每日一次相对独立，但晨会在一定的时间段内应贯穿某一主题，在主题之下安排晨会内容，不断检查自我、反馈信息、总结经验，从而得到进一步提高。

1. 时间经营

根据不同的时间、不同的环境安排不同的主题。例如，在年前安排"缘故，客户大回访"，在年后安排"收心，新年计划"，在6月以前贯穿"高峰会议宣导"，在7月和8月安排"送英雄"与"英雄座谈会"，在10月安排"服务月"，在11月和12月安排"冲刺"与"来年计划"。在这些单个的主题当中又必不可少地穿插"心态调整，技巧培训，业务提升"这条主线。

2. 有续经营

每日经营是多种多样的，它们就像一个个美丽的词组，汇成全年一篇很美的文章。例如，"心态、技巧、道德"是不断向业务员宣的工作，但我们不可能天天都就这一个话题喋喋不休。我们将该话题分散到每一季、每一月以及每天那些单独的主题中去，使这条主线能时时回响在业务员的耳边，而又不被其厌倦，这就是一种持续有效的经营。

（二）灵活多样的活动经营

具体的晨会经营就像一次活动经营，经营者可以利用各种模式来调动大家的情绪。例如，专题演讲、辩论、游戏、话术演练、抢答、每周一歌等。每日晨会经营者就像一个策划师，把某种方法应用到晨会经营中去，无论使用何种方法，重要一点是调动大家的参与性。

就具体模式而言，专题演讲适用于较强的主题以及经营理念，如"寿险是终身可为的事业""高峰会议""为了明天更美好"等；辩论适用于大家比较有争议的话题；游戏有利于活跃气氛，但要注意"形散而神聚"；每周一歌适合每周三来经营，调动大家的情绪；话术演练要注重实战性，组织业务员自我提高、自我解答。总而言之，就是利用多种多样的活动让大家参与，切忌经营者个人侃侃而谈，而听者昏昏欲睡。

三、保险公司晨会注意事项[②]

（一）晨会可以采用的几种较好的类型

1. "激励型"

"激励型"晨会通常围绕公司的中心工作，在晨会中有效应用激励手段，从而激发业务人员的积极性、提振士气。例如，围绕期交业务目标，在晨会中开展"对抗赛"

---

① 转摘自：中国养老金网（www.cnpension.net，2009-06-26），有删节和修改。
② 转摘自：中国养老金网（www.cnpension.net，2010-04-27），有删节和修改。

"霸主赛"等形式的活动；围绕增员主题就可以利用"伯乐收入大曝光""拜师仪式"等形式来达到经营目的。"激励型"晨会不但表彰了团队中的绩优人员，树立了标榜，也激发了全体业务伙伴企盼美好前景的意愿。还可以在晨会上举出成功典型实例，通过分享，让营销伙伴们都明白"天下没有免费的午餐"的道理，只有不断勤奋开拓，才能达成目标。

2. "交流型"

以交流研讨为主要经营形式的晨会便是"交流型"晨会。此种晨会主要是提升业务人员的展业技能，解决开拓业务过程中的困难。"交流型"晨会的形式多种多样，常见的有请业务员上台进行展业技巧和展业话术分享，针对团队需要解决的问题进行分组讨论，还可以在晨会中穿插示范和演练。

3. "知识型"

"知识型"晨会是指在晨会中以知识讲座或以新闻、新知识介绍并结合当前国家的政治经济发展形势为纲，拓宽业务员的知识面。"知识型"晨会可以提高团队的学习兴趣，建立学习型团队，从而提高整个团队综合素质。"知识型"晨会要求收集和传授的资讯要"新、精、专"。

4. "输入型"

"输入型"晨会是在团队规模较小或资源有限的情况下，借助其他营销单位的主管、组训、业务高手到本部谈展业体会或主持晨会，让业务员有新鲜感，从而开阔视野。

5. "活动型"

"活动型"晨会经营以各种活动形式出现，有效地改变晨会的流程或补充参与性很强的团体活动项目，可以达到寓教于乐的效果。应在团队士气不是很高或业务人员在晨会经营中参与度不够时采取这种形式的晨会模式。例如，"户外晨运特别晨会""庆生会特别晨会"等。

（二）晨会需要克服的几种错误类型

1. "盲目型"

有些营销晨会的组织者对会议所要达到的目的不明确，在很多时候是为了开晨会而开晨会。在没有明确的工作目的的情况下，晨会流程不能很好地为团队的经营主题服务，失去了晨会的根本作用。

2. "匆忙型"

毫无准备或准备不充分是当前营销晨会的一个通病。这表现在职场布置、音效准备、电脑投影仪器的测试上，更主要是主持人仓促上场、发言人词不达意，使晨会功效大打折扣。这是因为组织者在观念上对晨会重视不够，忽视了晨会的重要性。晨会必须做好方案，参与人员精心准备，才能圆满。

3. "应付型"

晨会天天开，日子一久，难免倦怠。晨会切不可处于应付状态，否则将会影响士气和纪律，不利于团队建设与发展。唯有不断创新才会赋予晨会新的活力。

4. "苍白型"

"苍白型"晨会是指晨会没有实际内容，流于形式。晨会要有一定的形式，但会议形式必须为内容服务。有充实内容的晨会才会引起参会人员的共鸣、兴趣，愿意参加晨会。建议组织者多利用现有团队资源，积极发现人才，同时多收集对经营活动有帮助的资讯来充实晨会的内容。

5. "肤浅型"

晨会往往形式活泼，内容较多，但不能提供业务人员所需要的知识和技巧，有形而无神，没有深度。这就要求晨会经营者在经营晨会过程中加强培训教育的力度，对于专题讲授人、信息发布人的素质进行严格把关。有些团队组训、讲师的力量比较薄弱，但可以让主管、一些"高手"参与晨会，提高晨会质量。

第二部分　实验设计与操作

一、实验基本情况

（一）实验目的

通过实验教学，让学生了解保险公司晨（夕）会的重要性，熟悉保险公司晨会的主要内容，掌握保险公司晨会的主要环节，能根据需要制作晨会方案，能基本掌握晨会主持的技巧。

（二）环境用具

电脑、保险实验教学软件、网络连接、保险公司晨会方案样本等。

（三）实验学时

3学时。

（四）实验形式

分组讨论、情景分析、案例分析。

（五）实验重点

晨会的主要内容，制作晨会方案。

二、实验内容与教学组织

（一）了解保险公司晨会的重要性

（1）将学生分组，每组4~6人。各小组通过多种渠道查找保险营销员历年人数规模、学历结构、脱落率、人均产能情况、佣金收入水平、接到投诉等资料和数据。

（2）分析保险营销员亟须培训和管理的原因，了解保险公司晨会的重要性。

（二）熟悉保险公司晨会的主要内容

（1）各小组多渠道查找保险公司晨会内容的相关资料至少2~3份，并进行比较。

（2）总结保险公司晨会一般所包含的主要内容，将这些内容进行记录。

（三）根据需要制作晨会方案

（1）选定现有保险市场中某家保险公司，假设合理的场景，假设该公司需要开展一次晨会。

（2）围绕上述假设制作晨会方案，注明方案主题和内容等。

（四）基本掌握晨会主持的技巧

（1）将各小组的方案进行对比，挑选其中有一定代表性的优秀作业和较差作业各一份。

（2）要求这两组学生分别演练，对比各自方案的合理性，观察学生的主持技巧。

【注意事项】

（1）教师要事先准备保险营销员相关数据或资料来源。

（2）教师要事先准备不同保险公司晨会资料 3 份以上。

【思考题】

（1）保险公司晨会的作用有哪些？

（2）保险公司晨会的主要内容有哪些？

（3）制作保险公司晨会方案要注意哪些事项？

【参考文献】

［1］张洪涛，时国庆. 保险营销管理［M］. 北京：中国人民大学出版社，2005.

［2］中国养老金网 www.cnpension.net.

第三部分　实验报告

一、实验报告总表

实验报告总表如表 15.2 所示：

表 15.2　　　　　　　　　　　　实验报告总表

实验编号及实验名称	实验 15　晨会				
分组编号		组长姓名		组长学号	
实验地点		实验日期		实验时数	3 学时
指导教师		同组其他成员		评定成绩	

表15.2(续)

	实验内容	教学形式	时间控制	注意事项
实验内容及步骤	了解保险公司晨会的重要性	分组讨论	30分钟	尽可能查找全国营销员历年人数规模、学历结构、脱落率、人均产能情况、佣金收入水平、接到投诉等数据
	熟悉保险公司晨会的主要内容	分组讨论	20分钟	查找保险公司晨会内容的相关资料至少2~3份，并进行比较
	根据需要制作晨会方案	分组讨论 情景模拟	30分钟	在现有保险市场中选取一家保险公司，并进行合理假设
	基本掌握晨会主持的技巧	分组讨论 角色扮演	40分钟	各小组根据本小组的方案分别演练，记录演练中发现的问题，等待教师和同学的点评
实验总结				
教师评语				

二、实验操作与记录

（一）了解保险公司晨会的重要性

（1）将所找到的保险营销员相关数据和资料进行描述（如全国营销员历年人数规模、学历结构、脱落率、人均产能情况、佣金收入水平、接到投诉等，查到部分指标即可。可制成图或表）。

（2）通过上述指标数据统计，本小组发现保险公司晨会是否重要？

（二）熟悉保险公司晨会的主要内容

本小组查到的晨会案例 1：＿＿＿＿＿＿＿＿＿＿＿＿＿＿＿＿＿＿＿＿＿＿

案例中晨会的主要内容被分成哪几个部分：＿＿＿＿＿＿＿＿＿＿＿＿＿＿＿

＿＿＿＿＿＿＿＿＿＿＿＿＿＿＿＿＿＿＿＿＿＿＿＿＿＿＿＿＿＿＿＿＿＿＿＿＿

＿＿＿＿＿＿＿＿＿＿＿＿＿＿＿＿＿＿＿＿＿＿＿＿＿＿＿＿＿＿＿＿＿＿＿＿＿

＿＿＿＿＿＿＿＿＿＿＿＿＿＿＿＿＿＿＿＿＿＿＿＿＿＿＿＿＿＿＿＿＿＿＿＿＿

＿＿＿＿＿＿＿＿＿＿＿＿＿＿＿＿＿＿＿＿＿＿＿＿＿＿＿＿＿＿＿＿＿＿＿＿＿

本小组查到的晨会案例 2：＿＿＿＿＿＿＿＿＿＿＿＿＿＿＿＿＿＿＿＿＿＿

案例中晨会的主要内容被分成哪几个部分：＿＿＿＿＿＿＿＿＿＿＿＿＿＿＿

＿＿＿＿＿＿＿＿＿＿＿＿＿＿＿＿＿＿＿＿＿＿＿＿＿＿＿＿＿＿＿＿＿＿＿＿＿

＿＿＿＿＿＿＿＿＿＿＿＿＿＿＿＿＿＿＿＿＿＿＿＿＿＿＿＿＿＿＿＿＿＿＿＿＿

＿＿＿＿＿＿＿＿＿＿＿＿＿＿＿＿＿＿＿＿＿＿＿＿＿＿＿＿＿＿＿＿＿＿＿＿＿

＿＿＿＿＿＿＿＿＿＿＿＿＿＿＿＿＿＿＿＿＿＿＿＿＿＿＿＿＿＿＿＿＿＿＿＿＿

本小组查到的晨会案例 3：＿＿＿＿＿＿＿＿＿＿＿＿＿＿＿＿＿＿＿＿＿＿

案例中晨会的主要内容被分成哪几个部分：＿＿＿＿＿＿＿＿＿＿＿＿＿＿＿

＿＿＿＿＿＿＿＿＿＿＿＿＿＿＿＿＿＿＿＿＿＿＿＿＿＿＿＿＿＿＿＿＿＿＿＿＿

＿＿＿＿＿＿＿＿＿＿＿＿＿＿＿＿＿＿＿＿＿＿＿＿＿＿＿＿＿＿＿＿＿＿＿＿＿

＿＿＿＿＿＿＿＿＿＿＿＿＿＿＿＿＿＿＿＿＿＿＿＿＿＿＿＿＿＿＿＿＿＿＿＿＿

本小组查到的晨会案例 4：＿＿＿＿＿＿＿＿＿＿＿＿＿＿＿＿＿＿＿＿＿＿

案例中晨会的主要内容被分成哪几个部分：＿＿＿＿＿＿＿＿＿＿＿＿＿＿＿

＿＿＿＿＿＿＿＿＿＿＿＿＿＿＿＿＿＿＿＿＿＿＿＿＿＿＿＿＿＿＿＿＿＿＿＿＿

＿＿＿＿＿＿＿＿＿＿＿＿＿＿＿＿＿＿＿＿＿＿＿＿＿＿＿＿＿＿＿＿＿＿＿＿＿

＿＿＿＿＿＿＿＿＿＿＿＿＿＿＿＿＿＿＿＿＿＿＿＿＿＿＿＿＿＿＿＿＿＿＿＿＿

（三）根据需要制作晨会方案

（1）本小组选定的保险公司是：_____

该公司开展晨会的背景是：_____

（2）围绕上述假设制作晨会方案，本小组拟定的晨会主题是：_____

该方案的主要内容是：_____

_____

_____

_____

_____

_____

（四）基本掌握晨会主持的技巧

请各小组根据本小组的方案分别演练，记录演练中发现的问题，等待教师和同学的点评。

（1）本小组的演练记录如下：

①小组成员演练分工：_____

_____

_____

_____

_____

_____

_____

_____

_____

_____

②演练中发现的主要问题及改进措施如下：

通过演练发现的问题主要有：_____

_____

_____

_____

_____

_____

_____

_____

本小组改进的措施主要有：_____

_____

_____

_____

_____

_____

_____

_____

_____

（2）教师或其他小组同学的点评：_____

_____

_____

_____

_____

_____

_____

_____

_____

实验 16　产品说明会

第一部分　产品说明会基础知识

一、产品说明会的概念与作用

（一）产品说明会的概念

产品说明会是商业领域中进行新产品推广、服务客户或进行"1+N"销售的一种产品信息发布、客户服务和商业销售模式，在保险、房地产和教育领域被广泛应用。

（二）产品说明会的作用

产品说明会的作用主要包括如下内容：

（1）展示和扩大公司品牌的影响。

（2）提供销售人员服务客户和销售的机会。

（3）介绍公司产品。

二、产品说明会的类型

产品说明会可以按照不同标准进行划分（见表 16.1）。

表 16.1　　　　　　　　　　　产品说明会的类型

划分标准	类型
主题	投资理财沙龙、健康养老讲座、少儿教育讲座等
客户类型	高端场、中端场（精英场）、普通场（贵宾场）
举办形式	讲座、会议、联谊、座谈、宴会等
参与对象（人数）	大型式、团队式、个人式、联合式
举办场地	酒店、社区、乡村、职场、家庭等

三、产品说明会的操作流程

（一）筹备阶段流程

1. 成立工作小组

系统的筹备工作是产品说明会能否顺利完成的前提，在举办产品说明会前，应成立专项小组，落实各项工作责任。

2. 确定说明会的目标和主题

不同类型的产品说明会、不同数量的参会人员和不同的对象层面，都会有不同的主题目标，应针对目标与主题准备相应的材料与工具。

3. 落实会议费用预算

费用预算与成本控制是筹备产品说明会的重要一环，在举办产品说明会前要根据实际情况制订费用计划。费用一般包括：场地租金、会场布置费、广告费、交通费、饮料费、嘉宾与听众的礼品费及其他突发性开支。

4. 确定时间与场地

产品说明会的举办时间一般选择在周六或周日，场地的选择要根据参会对象的特点、会场环境、设备情况、会场容量、交通便利性等细节决定。大型或专场的产品说明会可租赁外部场馆，而中小型的产品说明会可在公司培训中心或职场召开。

5. 准备所需物料

产品说明会需要准备的物料多且杂，对于物料的准备要有专人负责追踪落实。

6. 邀请领导、演讲嘉宾和主持人

产品说明会所需物料准备完毕后，工作小组要提前向被邀请的领导、演讲嘉宾和主持人发送邀请函，并针对具体事项进行沟通。在演讲嘉宾的选择上要注意其工作背景、成功的经历、演讲的水平，并考虑参加产品说明会人员的性别、背景等情况。

7. 下发通知及会前宣传引导

产品说明会举办前要下发通知，通知上应写明产品说明会的时间、地点和主题等，要求各营业区每天通过各种方式向保险营销员宣传，并将邀请人数目标层层落实到个人。

8. 持续追踪与落实

产品说明会通知下发后，要追踪演讲嘉宾报送个人资料，以便制作 PPT，同时落实各营业区参加人数，根据参会人数确定礼品数量。

9. 会前进行彩排

在产品说明会正式举行之前要进行彩排，彩排最好在产品说明会举办的场地进行，主持人与演讲嘉宾均要到场，严格按照产品说明会的举办流程将整套程序演练一遍，在彩排时要配以会场的音乐和灯光。礼仪人员要统一使用欢迎用语（如"您好，欢迎光临""您好，谢谢光临"），确定个人站位。

10. 布置会场

产品说明会开始之前，会务组相关人员要提前进入会场进行布置，主要的工作包括：张贴欢迎海报；安排来宾登记处、引导牌、饮水处；会场内布置横幅、展板、标语；布置讲台、抽奖箱；检查音响、麦克风及其他辅助设备。同时，会务人员在产品说明会正式开始之前，要再次电话联系参会领导、演讲嘉宾，再次告知会议时间、地点，提醒其准时参加。

（二）现场操作流程

1. 会议开始前的准备

产品说明会举行当天，会务人员要提前 1~2 小时到现场再次查看各项准备工作的落实情况，检查各项物品、材料、音响、麦克风及辅助设备等，并提前 30 分钟播放欢迎投影片与暖场音乐。

2. 迎宾与入场

产品说明会的迎宾接待工作主要包括如下内容：

（1）礼仪人员为参会领导、演讲嘉宾佩戴胸牌，引领入座；

（2）礼仪人员引导参会人员到签到处签到，进场就座；

（3）会场其他工作人员负责签到，收取入场券，将抽奖券的副联投入抽奖箱，并维持入场秩序。

3. 播放动画（Flash）

说明会前 5 分钟开始播放总公司品牌宣传部制作的公司形象及其他相关资料的 Flash。说明会正式开始前 2 分钟提示参加者大会即将开始，请不要随意走动。

4. 产品说明会正式开始

为体现公司的专业形象，产品说明会应准时开始，可通过幕后音宣布产品说明会正式开始并请主持人出场。主持人出场时应播放出场音乐，主持人开始讲话时出场音乐立即停止。

5. 主持人主持开场

主持人欢迎前来参加产品说明会的与会者，介绍会场礼仪要求。介绍参会领导时，应播放背景音乐。

6. 公司领导致辞

主持人介绍领导出场，播放上下场音乐及会议流程投影。

7. 有奖问答

有奖问答环节的目的在于活跃产品说明会的气氛。

8. 演讲嘉宾开始有关专题的演讲

演讲嘉宾在演讲时不要过多地纠缠细节，主要介绍观念，突出产品的卖点，同时可以穿插介绍产品的功能和意义。

9. 产品说明完毕，宣布促销方案及问题解答

例如，主持人提示接下来是 15 分钟的交流时间，有请保险业务员入场，来宾可向保险业务员提问，提示对刚介绍的产品提供现场订购，并介绍现场订购提供的礼品。

10. 发签约意向书

可以当场发放签约意向书。

11. 保险业务员和客户沟通

主持人应尽量帮助保险业务员争取促成交易的时间，提醒大家有抽奖活动。

12. 播报签单业绩，给签单客户发放礼品

产品说明会上可播报签单业绩，并给签单客户发放礼品。

13. 欢送客户离开

客户退场时应欢送其离开。

（三）会后追踪

产品说明会结束后，所有内勤人员的营业部经理留在现场召开评估会，安排会后追踪。会后追踪的对象包括三类：第一类是到场并签单的客户；第二类是到场未签单的客户；第三类是未到场的客户。

1. 到场并签单客户的追踪

（1）保险营销员应在说明会后的第一天马上与已经签单的客户沟通并确定款项入账情况。

（2）若客户在说明会上已经签订了"确认意向书"但未缴纳保费，则营销员可以

将"客户确认函"面呈客户,要求客户配合,达到再次见面的目的。

2. 到场未签单客户的追踪

(1)若客户在产品说明会现场未签订"确认意向书",则业务员可将"客户回访函"面呈客户,要求客户配合,达到再次见面的目的。递送回访函时,向客户强调是为了弥补工作上的不足,表示对客户的诚意,听取客户的改进意见,以改进工作。

(2)保险营销员可利用"客户沟通函"尝试推荐其他产品,帮助客户进行保险需求的分析,为客户及其家庭着想,提供保单的年检服务,使客户清楚家庭成员保险保障的总量和结构分布。

3. 未到场客户的追踪

产品说明会结束次日或两日内,保险营销员应与未到场的客户联系,可以公司要求反馈客户未到场原因为由,对客户进行电话约访,取得与客户面谈的机会。取得面谈的机会是销售成功的第一步。

第二部分 实验设计

一、实验基本情况

(一)实验目的

近年来,产品说明会逐渐成为人身保险产品销售的重要形式,对于宣传保险知识、培养保险市场发挥了积极的作用。通过本次实验,要求学生掌握产品说明会筹备和现场操作的基本流程和方法,能够策划和组织产品说明会,能够有效地进行产品说明会的事后追踪。

(二)环境用具

电脑、网络连接、Office 办公软件、产品资料(产品条款、费率表、核保规程)

(三)实验学时

3 学时。

(四)实验形式

分组讨论、PPT 制作、方案设计、单证处理。

(五)实验重点

产品说明 PPT 的制作、产品说明会流程的统筹。

二、实验内容与教学组织

鼎盛人寿保险有限公司近期准备举办一次重大疾病保险的产品说明会,介绍并推广公司刚刚上线的"鼎盛明天重大疾病保险"。请根据以下问题设置,进行角色模拟,完成任务。

(一)产品说明会准备与设计

全班分组,6 人/组,选举组长,各小组可设定自己的组名和口号。假设小组被鼎盛人寿保险有限公司市场营销部委派全权负责"鼎盛明天重大疾病保险"产品说明会的策划、筹备和实施,组长则为产品说明会活动的总负责人,请根据下面提供的产品资料,完成任务:

（1）上网查找资料，了解产品说明 PPT 的设计。

（2）结合给定案例，撰写主持稿。

（3）产品说明会邀约话术的设计。

（4）模拟产品说明会的现场操作流程。

①产品说明会项目负责人根据实际需要，将本组以外的学生进行角色划分，选定主持人、讲师、礼仪、后勤等人员，余下的学生可扮演客户及保险营销员。

②模拟产品说明会的现场流程，进行 PPT 讲解，并填写"产品说明会工作小组责任分工表""产品说明会物品清单表"等相关单证。

（二）产品说明会追踪

产品说明会结束后，保险营销员刘强对本次产品说明会上自己的签单情况进行了整理统计，结果显示：本次共邀约了 10 名客户，其中 3 名客户未到场，这 3 名客户分别是张翔飞（40 岁，男，物流公司经理）、林敏霞（28 岁，女，信息技术企业文员）以及王玉敏（32 岁，女，家庭主妇）；7 名到场客户中，2 名已经签单并且当场缴费，3 名已经签订"客户购买意向确认书"但尚未缴纳保费，分别是欧阳菲菲（30 岁，女，企业人力资源管理专员）、许梁文（42 岁，男，律师）、周武夫（38 岁，男，公务员），剩余 2 名客户虽到产品说明会现场但并未签单，分别是丁玉柱（29 岁，男，工程技术人员）、张小丽（25 岁，女，财务出纳）。请模拟刘强的角色在产品说明会结束后对 10 名客户进行会后追踪，并完成下列任务。

（1）针对客户的不同情况，正确填写"客户购买意向确认书""客户联谊函""客户确认函""客户回访函"以及"客户沟通函"。

（2）针对未缴费、未签单客户拒绝异议进行话术设计。

【注意事项】

（1）可以提前安排学生自行搜索产品条款等资料，不必与本书提供的案例一致。

（2）本实验务必提前布置学生预习，否则上课时间无法看完资料。

【思考题】

（1）产品说明会有哪些类型？

（2）产品说明会一般包括哪些环节？

【参考文献】

［1］周灿，常伟. 保险营销实务技能训练［M］. 北京：电子工业出版社，2011.

［2］李玉菲，蒋菲. 保险实务综合技能训练［M］. 北京：电子工业出版社，2011.

［3］中国人民人寿保险股份有限公司. 产品说明会规范运作与管理 PPT（内部资料）［Z］.

第三部分　实验报告

一、实验报告总表

实验报告总表如表 16.2 所示：

表 16.2　　　　　　　　　　　　　　实验报告总表

<table>
<tr><td>实验编号
及实验名称</td><td colspan="5">实验 16　产品说明会</td></tr>
<tr><td>分组编号</td><td></td><td>组长姓名</td><td></td><td>组长学号</td><td></td></tr>
<tr><td>实验地点</td><td></td><td>实验日期</td><td></td><td>实验时数</td><td>3 学时</td></tr>
<tr><td>指导教师</td><td></td><td>同组其他成员</td><td></td><td>评定成绩</td><td></td></tr>
<tr><td rowspan="5">实验内容及步骤</td><td>实验内容</td><td>教学形式</td><td>时间控制</td><td colspan="2">注意事项</td></tr>
<tr><td>了解产品说明会 PPT</td><td>分组讨论
文献查阅</td><td>40 分钟</td><td colspan="2">上网查找保险产品说明会的 PPT，了解其主要形式和内容</td></tr>
<tr><td>主持稿和邀请函撰写</td><td>分组讨论</td><td>20 分钟</td><td colspan="2">结合给定案例条件撰写</td></tr>
<tr><td>现场操作流程模拟</td><td>典型示范</td><td>30 分钟</td><td colspan="2">设计本小组产说会的现场操作流程</td></tr>
<tr><td>产说会追踪</td><td>情景模拟
单证填写</td><td>30 分钟</td><td colspan="2">按给定条件填写单证，做好追踪工作</td></tr>
<tr><td>实验总结</td><td colspan="5"></td></tr>
<tr><td>教师评语</td><td colspan="5"></td></tr>
</table>

二、实验操作与记录

（一）产品说明会准备与设计

（1）本小组查阅的产品说明会 PPT 描述如下：

（2）本小组主持稿的设计如下：

（3）本小组邀请话术（邀请函）如下：

（4）本小组产品说明会的现场操作流程如下（注意角色分配、物资等表格填写）：

（二）产品说明会追踪

（1）针对客户的不同情况，正确填写"客户购买意向确认书""客户联谊函""客户确认函""客户回访函"以及"客户沟通函"（见附件资料）。

（2）针对未缴费、未签单客户拒绝异议进行话术设计，本小组话术设计如下：

【实验 16　附件】

资料一：鼎盛明天重大疾病保险主要条款、费率及核保规则

一、鼎盛明天重大疾病保险条款（部分）

第五条　保险责任

本保险合同中的重大疾病分为基本重大疾病与其他重大疾病两类，基本重大疾病投保人在投保时必须投保，其他重大疾病投保人在投保时可以选择投保，具体疾病种类及疾病定义以本保险合同第二十五条释义为准。

在保险期间内，保险人承担下列保险责任：

被保险人经医院诊断于其保险责任生效日起 30 日后（续保从续保生效日起）初次患本保险合同所附且经投保人投保的重大疾病，保险人按重大疾病保险金额给付重大疾病保险金，对该被保险人保险责任终止。

被保险人经医院诊断于其保险责任生效日起 30 日内（续保无等待期）初次患重大疾病，保险人对投保人无息返还该被保险人对应的所交保险费，对该被保险人保险责任终止。

第六条　责任免除

因下列情形之一，导致被保险人发生疾病、达到疾病状态或进行手术的，保险人不承担保险责任：

（一）投保人对被保险人的故意杀害、故意伤害；

（二）被保险人故意自伤、故意犯罪或拒捕；

（三）被保险人服用、吸食或注射毒品；

（四）被保险人酒后驾驶、无合法有效驾驶证驾驶，或驾驶无有效行驶证的机动车；

（五）被保险人患艾滋病或感染艾滋病病毒；

（六）战争、军事冲突、暴乱、武装叛乱、恐怖活动；

（七）核爆炸、核辐射或核污染；

（八）遗传性疾病，先天性畸形、变形或染色体异常。

发生上述情形，被保险人身故的，保险人对该被保险人保险责任终止，并对投保人按日计算退还该被保险人的未满期净保费（经过日数不足一日按一日计算）。

第七条　保险金额和保险费

保险金额是保险人承担给付保险金责任的最高限额。

本保险合同的重大疾病保险金额由投保人、保险人双方约定，并在保险单中载明。

投保人应该按照合同约定向保险人交纳保险费。

第八条　保险期间

本保险合同保险期间自合同成立并生效时起，至被保险人年满 70 周岁的对应保单周年日止。

……

未满期净保费计算公式如下：

未满期净保费 = 保险费 × [1 - （保险单已经过天数 / 保险期间天数 ）] ×（1-25%）

经过天数不足一天的按一天计算。

二、鼎盛明天重大疾病保险费率表（截选）

（20 年期，单位：每万元基本保额）

年龄 ＼ 缴法	男性			女性		
	年缴	半年缴	季缴	年缴	半年缴	季缴
28	346.0	180.0	91.0	335.0	174.0	88.0
29	355.0	185.0	93.0	343.0	178.0	90.0
30	364.0	189.0	95.0	352.0	183.0	92.0
31	373.0	194.0	98.0	361.0	188.0	95.0
32	383.0	199.0	100.0	371.0	193.0	97.0

三、鼎盛明天重大疾病保险简易核保规则

（一）缴费期限及承保年龄

缴费期限	承保年龄
鼎盛明天重大疾病保险（缴费 10 年）	18~50 周岁
鼎盛明天重大疾病保险（缴费 15 年）	18~50 周岁
鼎盛明天重大疾病保险（缴费 20 年）	18~50 周岁
鼎盛明天重大疾病保险（缴费至 55 周岁）	18~45 周岁

（二）承保金额

（1）最低承保金额：10 000元。

（2）最高承保金额：300 000元。

（3）可附加意外伤害保险、住院补偿医疗保险、住院补贴医疗保险。

资料二：相关表格

产品说明会工作小组责任分工

工作组	小组成员	工作职责	负责人	所需物品
运作组		讲师及主持人的联系与落实；准备专题教案及主持人讲稿；组织讲师试讲专题；主讲人演练；音像资料的准备；说明会现场流程的监控协调，布置场地与清场、彩排		各种电子设备、资料等
礼仪组		落实参加人员类型及人数，并下发门票；安排礼仪进行签到；礼仪接待工作、彩排		绶带、产品说明会来宾签到表、嘉宾胸牌、礼品等
后勤组		落实预算费用和场地；确定场地布置方案；准备会议各项资料；彩排、布置场地		横幅、指示牌、欢迎牌、海报、喷画等
主持人		拟写主持稿，交运作组审核定稿；对会议现场进行控制，调动现场气氛，帮助保险业务员促成签单		主持稿、PPT
专题讲师		拟写专题教案，交运作组审核定稿；进行专题演讲		专题教案、PPT
保险业务员		邀约客户；与客户进行现场沟通；促成签单；会后追踪		签约意向书、相关产品资料

产品说明会物品清单

物品名称	责任人	准备情况	说明
来宾签到表			
……			

表（续）

物品名称	责任人	准备情况	说明

客户购买意向确认书

尊敬的客户：

您好！感谢您信赖并选择我公司，我们将以优质的服务给您满意的回报！祝贺您拥有了一份最时尚的保险产品，本公司将向您提供一份温馨的礼品。

按照《中华人民共和国保险法》的规定，为了保证您的切身利益，请您务必在相关保险资料（投保单、建议书、保单回执）上亲笔签名。

投保信息

客户姓名	性别	年龄（周岁）	身份证号码

年缴保费	缴费期限	保险金额	

投保人签名：　　　　　　　　　　　　　　　业务员签名：

日期：　　　　　　　　　　　　　　　　　　业务员工号：

　　　　　　　　　　　　　　　　　　　　　部门代码：

客户联谊函

尊敬的客户：

您好！感谢您信赖并选择我公司，好东西一定要与好朋友分享，祝贺您拥有最时尚的保险产品，同时希望您能介绍您的朋友认识我公司，拥有保障。

我们的成功离不开您的支持与帮助。请您协助填写适合的朋友的名单！

序号	朋友姓名	性别	年龄	联系方式		工作单位
				手机	住宅电话	
1						
2						
3						
4						
5						

客户确认函

尊敬的客户：

您好！感谢您参加我公司客户联谊产品说明会，同时对我们工作不足之处深表歉意。为了在未来工作上有所改善和工作效果有所提升，我们恳请您协助业务员完成下面的问题回答，并提出建议。谢谢合作！

您不购买的原因	□对公司不了解 □业务员讲解不清 □说明会内容太多，时间不长 □条款不容易理解	
序号	意见描述	改善建议
1		
2		
3		

客户签名：

客户沟通函

尊敬的客户：

您好！感谢您参加我公司客户联谊产品说明会。对于我们推荐的产品，可能不能满足您的保险需求。秉承"客户至上，服务至上"的原则，我们将委托专业人员为您免费提供保险需求分析。衷心感谢您的合作！

免费服务项目	□个人及家庭保障分析　□家庭财务分析　□家庭保单整理
	□健康险咨询　□养老险咨询　□财产险咨询

客户签名：

第9章 销售团队建设与管理

实验17 增员

第一部分 增员基础知识

一、增员的重要性

增员是指保险营销团队招聘保险代理人以扩大本保险营销团队人力规模的行为。人们通常不会主动购买保险，保险是靠人销售出去的。保险营销组织的发展既取决于人均产能，又取决于总人力规模。对销售管理者来说，首要的工作就是招聘优秀的保险营销人员。面对保险销售人员的高脱落率，增员成为组织发展的重要途径，唯有增员才能使保险事业快速发展与提升，组织发展是稳定和分散风险的最佳途径。

二、增员的流程

增员工作的开展一般要遵循一定的流程，只有这样增员工作才能卓有成效（见图17.1）。

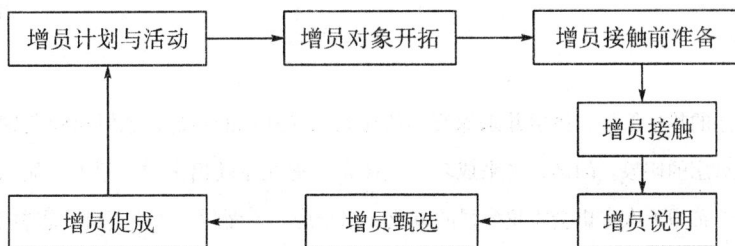

图 17.1 专业化增员流程图

（一）增员的来源
增员的主要来源如下：
（1）缘故市场。
（2）人才市场。
（3）校园招募。
（4）待业人群。
（5）金融服务行业。

（二）增员的方法

增员的方法如表 17.1 所示：

表 17.1   增员的方法

方法	内容
缘故法	缘故法是向熟悉的人增员，如同学、同乡、同事、邻居、亲人等。
转介绍法	依靠现有熟人推荐其他人员，如现有客户、朋友、邻居等。
影响力中心法	利用影响力中心增员。影响力中心指的是那些能够持续提供名单的热心推荐人，这些人有比较好的人力资源，有一定的影响力和信誉度。
其他方法	通过其他途径增员，如利用社交媒体、现场招募、高校宣讲等。

（三）增员接触前的准备

增员接触前的准备如下：

（1）自我准备。自我准备包括仪容仪表，话术预演和自信心的准备。

（2）资料准备。资料准备包括公司制度资料、个人得奖资料和照片、部（组）同仁资料。

（四）接触合格增员对象

（1）信函接触。通过信函，邀约增员对象。制作信函的内容应包括寒暄，可以追溯回忆，报告近况，关心对方的工作、身体和生活；赞美，发掘对方优点，及时赞美；约定，约定时间、地点、日期和方式，叮嘱强化信守约定（见图 17.2）。

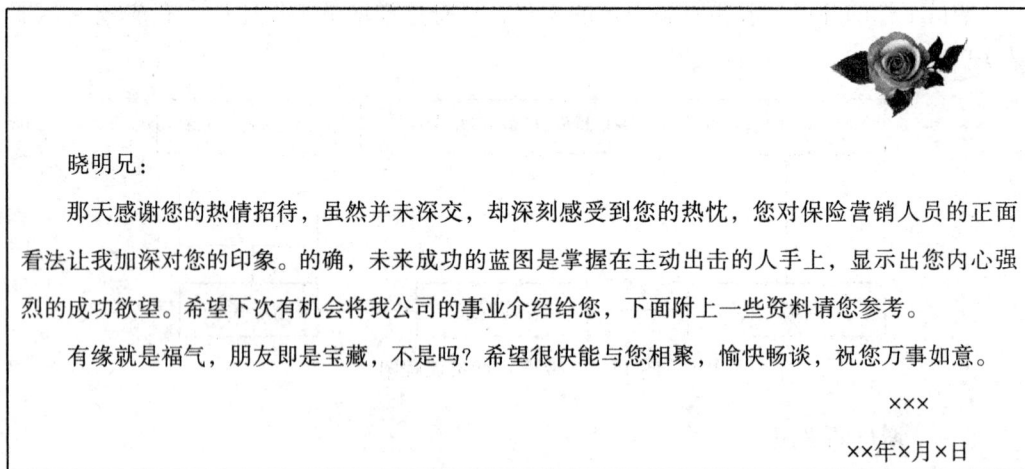

晓明兄：

那天感谢您的热情招待，虽然并未深交，却深刻感受到您的热忱，您对保险营销人员的正面看法让我加深对您的印象。的确，未来成功的蓝图是掌握在主动出击的人手上，显示出您内心强烈的成功欲望。希望下次有机会将我公司的事业介绍给您，下面附上一些资料请您参考。

有缘就是福气，朋友即是宝藏，不是吗？希望很快能与您相聚，愉快畅谈，祝您万事如意。

×××

××年×月×日

图 17.2 增员信函示例（被增员者背景：餐厅经理）

（2）电话接触。电话约访的目的是与增员对象约定面谈时间和地点，全力保证增员对象能赴约。

（五）发掘增员点

增员接触时应获取被增员者的四种资料：

（1）基础背景资料。

（2）性格特征。

（3）工作现状。

（4）未来理想资料。

其中：未来理想−目前工作现状＝差距＝增员点。

（六）增员说明

通过增员说明，激发被增员者从事保险工作的兴趣，建立保险行销观念，吸引增员对象从事保险工作。增员说明的主要内容如下：

（1）对保险行业的说明。

（2）对本公司的说明。

（3）对本营业单位的说明。

（4）对营销员工作性质的说明。

（5）对公司代理佣金制度与特色的说明。

（6）对公司培训和为个人成长提供环境的说明。

（七）增员面谈甄选

通过增员面谈，了解被增员者的详细资料和职业意向等，并判断其是否符合增员的其他条件。

（八）增员促成及异议处理

增员时要善于观察被增员者的心理活动，及时干预，消除其顾虑，促成增员成功（见图17.3）。

准增员："做保险营销员，工作不稳定。"

增员者："现在做什么事情稳定呢？就拿婚姻来说，有明文的法律规定，离婚率还不是一样那么高吗？稳定是相对的，以前大锅饭稳定，后来还不是大量下岗失业。现在这个社会，就像赶车一样，你得不断跟着车子跑，才能上车，有个位子，没有什么是稳定不变的。因此，看一样工作的稳定与否，是看其未来20年的稳定性，比如文员目前看来稳定，但是20年后企业还会要这样的老文员吗？从事保险销售会越来越稳定，如果你做满10年、20年，就是这个市场的老大，谁敢不要你？"

图17.3　保险增员促成示例

三、创业说明会

创业说明会简称创说会，也称事业说明会，是保险公司为了招募保险营销人员而举行的一种专门的招聘会①，是保险营销团队增员的常见和有效形式之一。创说会流程包括会前准备、会中说明和动摇、会中促成和会后促成等。

---

① 保险公司与代理人签署代理协议，二者并无雇佣关系，"招聘"一词值得商榷。但是在实际运营中，保险公司实际上对代理人进行高强度的日常管理，本书暂时借用"招聘"二字。

（一）会前准备

1. 营业区（营销团队）

（1）会场布置，如音乐播放、励志格言张贴、展板放置（公司简介、基本介绍等）。

（2）资料的准备及分发，如公司报纸、公司营销杂志等。

（3）督察职场内人员的着装与礼仪。

（4）机构负责人安排好时间，全程参与创说会并准备好欢迎辞内容。

2. 主任（负责人）

（1）安排好时间与新人共同参与创说会。

（2）注意着装和礼仪。

（3）利用会前等待新人的时间，举行简短的见面会。

（4）针对新人心理，事先做铺垫交流。

（5）互留名片。

3. 推荐人

（1）安排好时间与新人共同参与创说会。

（2）注意着装和礼仪。

（3）将自己的保险简历向新人进行简单介绍，并进行基本铺垫与交流。

4. 主持人

（1）对主持人的要求如下：

①形象大方、语言表达能力较强、心态积极；

②比较了解公司的各项政策法规；

③有一定的掌控能力；

④幽默但不庸俗，个性鲜明但不张扬；

⑤主持过程中保持中立，不带个人感情色彩。

（2）对主持人的准备要求如下：

①主持人提前到会场做好充分的心理及形象准备；

②视座位、场所的大小考虑是否请业务员离开；

③考虑可能出现的突发性状况，做好充分的应对准备。

（二）会中说明和动摇

（1）公司歌曲、公司精神、愿景、目标、使命、价值观。

（2）机构负责人致欢迎词。

（3）行业介绍。

（4）公司介绍及公司与同业对比之优势。

（5）营业单位介绍。

（6）说明工作性质。

（7）职业生涯规划（晋升、培训、福利）。

（三）会中促成

（1）成功人员分享。

（2）锦绣前程展示。

（3）激励演讲。

（四）会后促成

（1）主任、推荐人与新人的集中沟通。

（2）对会中内容进行补充和说明。

（3）分别与新人约定下一步面谈的时间和地点。

（4）会后的电话沟通和追踪。

第二部分　实验设计与操作

一、实验基本情况

（一）实验目的

通过实验教学，使学生掌握保险公司增员的流程、增员的要求、增员的异议处理话术；了解增员的观念，熟悉增员的方法；了解创说会的主要内容。

（二）环境用具

电脑、网络连接、保险代理人招聘广告、保险增员话术演练手册等。

（三）实验学时

3 学时。

（四）实验形式

角色模拟、分组讨论。

（五）实验重点

增员的流程、创说会主要内容。

二、实验内容与教学组织

（一）增员的重要性

（1）安排学生查询各保险公司（寿险公司）的业绩与其代理人人数。

（2）将查询得到的数据绘制成柱状图等图形，观察二者之间的相关性，从而了解增员的重要性。

（二）增员时对"新人"的要求

（1）查询 3 个以上保险增员的广告，并记录其增员条件。

（2）对上述广告进行总结，描述保险增员"新人"的一般条件，并制成图或表。

（三）增员流程模拟

（1）假如你是刚加入保险公司的保险营销员，请填写"业务员增员 100"计划书（课堂实验中学生填写 30 人即可），并根据"业务员增员 100"中填写的信息，筛选出"理想"和"比较理想"的准增员。

（2）根据增员过程中，被增员者提出的异议，设计异议处理的话术。

异议 1："我现在在企业做文员挺好的，听说做保险不太稳定。"

异议 2："现在孩子还比较小，做保险怕没有时间照顾孩子。"

异议 3："做保险要到处去求人，我拉不下面子。"

异议 4："以前从来没有做过销售，没有任何销售方面的经验。"

（四）熟悉创说会的主要内容

（1）引导学生查找创说会的文案资料 3 份左右，并进行对比分析。

（2）归纳和总结创说会文案的一般内容。

（五）了解基本的创说会主持技巧

（1）通过查阅文献资料、视频等了解创说会主持的基本技巧。

（2）各小组可以尝试写作创说会文案，并进行演练，注意合理分工，做好演练记录。

（3）教师可以对具有代表性的作品进行点评，提出改进建议。

【注意事项】

（1）教师要准备各项数据或资料的来源网址等信息，确保实验的顺利进行。

（2）教师要事先准备好保险公司招聘广告 3 份以上、创说会文案 3 份左右，如有条件还可以准备相关视频资源，方便学生课外进行学习模仿，掌握创说会主持技巧。

（3）注意保密，即对于教师提供的统计信息等保密。

【思考题】

（1）增员有哪些来源？

（2）增员的"新人"要符合哪些条件？

（3）创说会主要包括哪些内容？

【参考文献】

［1］刘平. 保险营销——理论与实务［M］. 北京：清华大学出版社，2012.

［2］中国人寿保险有限公司. 准增员对象开拓与话术演练（增员早会专题内部资料）［Z］.

［3］中国平安人寿保险有限公司. 业务员增员 100（内部资料）［Z］.

第三部分　实验报告

一、实验报告总表

实验报告总表如表 17.2 所示：

表 17.2　　　　　　　　　　　　　实验报告总表

实验编号 及实验名称	实验 17　增员				
分组编号		组长姓名		组长学号	
实验地点		实验日期		实验时数	3 学时

表17.2(续)

指导教师		同组其他成员		评定成绩	

	实验内容	教学形式	时间控制	注意事项
实验内容及步骤	增员的重要性	分组讨论 数据分析	30分钟	各省市保险行业协会网站有部分重要数据；对增员与保险公司保费收入做相关性分析
	增员时对"新人"的要求	分组讨论	20分钟	查阅3个以上保险公司增员广告，总结增员一般条件
	增员流程模拟	分组讨论 角色模拟	40分钟	对照附件表格填写，异议处理可以只选一个完成
	熟悉创说会的主要内容	分组讨论	30分钟	上网查找不同版本的创说会文案3份以上，总结创说会文案一般内容
	了解基本的创说会主持技巧	分组讨论 观看视频	课后完成	上课时间有限，本步骤可以在课外完成
实验总结				
教师评语				

二、实验操作与记录

（一）增员的重要性

（1）本小组查询得到的保险公司业绩（保费）与其代理人人数如下（可用图或表）：

（2）通过上述数据对比，可以发现二者之间的相关性如下：

_____

_____

_____

_____

（二）增员时对"新人"的要求

（1）本小组查阅的保险增员广告如下：

广告 1 名称：_____

广告 2 名称：_____

广告 3 名称：_____

广告 4 名称：_____

（2）对上述广告进行总结，描述保险增员"新人"的一般条件，并制成图或表。

（三）增员流程模拟

1. 根据实验要求填写附件中的表格，并根据"业务员增员 100"中填写的信息，筛选出"理想"和"比较理想"的准增员，分别如下：

_____

_____

_____

_____

_____

（2）根据增员过程中，被增员者提出的异议，设计异议处理的话术：

本小组选取的是异议（请打钩）：□1　□2　□3　□4

本小组拟定的话术如下：

_____

_____

_____

_____

_____

_____

_____

_____

_____

_____

（四）熟悉创说会的主要内容

（1）本小组查阅的保险增员创说会文案（视频）如下：

资料 1 名称：_____

资料 2 名称：_____

资料 3 名称：_____

资料 4 名称：_____

（2）对上述资料进行总结，描述保险创说会的一般内容，并制成图或表。

（五）了解基本的创说会主持技巧（建议在课后完成）

（1）通过查阅文献资料、视频等了解创说会主持的基本技巧。

（2）各小组可以尝试写作创说会文案，并进行演练，注意合理分工，做好演练记录（另附纸张记录）。

【实验 17　附件】

个人发展计划

增员人姓名：

业务主管姓名：

本计划始末日期：

一、增员经历

1. 已增员辖下_____人，其中直接增员_____人，间接增员_____人。

2. 已转正_____人，试用_____人，已脱落_____人。

3. 你认为有效的增员方法是：□缘故　□介绍　□报招　□人才。

二、个人计划

1. 计划晋升主任的时间为_____，计划增员总人力_____人。

2. 每月上岗的人数_____人。

3. 每月新人班的人数_____人。

4. 每月代理人甄选测试考试的人数_____人。

5. 每月参加代理人资格考试的人数_____人。

6. 每月参加创业说明会的人数_____人。

7. 每月面谈人数_____人，每周面谈人数_____人，每天面谈人数_____人。

8. 每月获得准增员名单的人数_____人，每周获得准增员名单的人数_____人。

9. 每天获得准增员名单的人数_____人。

填写说明：计划的制订的依据是每月约访谈增员对象30人，可获得面谈27人，参加创业说明会21人，参加代理人甄选测试10人，参加代理人资格考试的8人，上岗3人。

等级＼姓名								
收入	A. 5 000元以上；B. 3 000元以上；C. 1 000元以上；D. 其他。							
年龄	A. 30~40岁；B. 40~50岁；C. 20~30岁；D. 其他。							
婚姻	A. 已婚；B. 未婚；C. 离婚；D. 其他。							
职业	A. 专业人士；B. 营销类；C. 学生类；D. 其他。							
学历	A. 大学；B. 大专；C. 高中；D. 其他。							
认识时间	A. 3年；B. 1年；C. 3个月；D. 其他。							
工作经历	A. 5年；B. 3年；C. 1年；D. 其他。							

表（续）

姓名 等级							
来源	A. 亲戚；B. 教友；C. 社区；D. 同学；E. 家人的朋友；F. 业务往来；G. 好友；H. 邻居；I. 同事；J. 新婚的人；K. 社团组织；L. 新乔迁的人；M. 其他。						
综合评价	A. 5 年；B. 3 年。 理想的准增员对象打"√"。						

使用说明：

（1）"增员 100"要求使用人收集到 100 个准增员名单资料，并填写完整；

（2）按顺序填写（来源、姓名、等级确定后填写）；

（3）填写完毕后，即可看到每个准增员对象的等级状况；

（4）获得 B 级较多的对象保持正常联系，可暂不提增员；

（5）将其中获得 A 级较多和 C 级较多的对象筛选出来；

（6）获得 A 级较多的对象重点关注，获得 C 级较多的对象考虑放弃；

（7）对于 D 级很理想的重点关注，条件较差的考虑放弃。

实验 18　培训

第一部分　培训基础知识

一、保险公司培训的重要性

保险公司的新员工需要经过培训掌握完成工作所必需的知识和技能。对于一名新员工来说，在能够完全履行其新职责之前，可能需要工作技能的学习、工作态度的学习，至少要熟悉工作环境和流程。保险公司一般都重视对新员工的培训，对保险销售人员的培训也不例外。

二、保险公司培训的主要内容

（一）保险公司培训的种类

保险公司培训分为制式（标准）培训和非制式培训。其中，制式培训是指保险公司标准化、常规化的培训；非制式培训是指根据当时实际情况开发的制式培训以外的其他培训（见表 18.1）。

表 18.1　　　　　　　　　　　保险公司的基础培训

培训级别	培训项目
初级培训	新人岗前培训
	新人转正培训
中级培训	业务主任晋升培训
	业务主任研修班
	成长训练
	PTT 培训①
高级培训	营业部经理晋升培训
	营业部经理研修班
	营管处经理培训
	TTT 培训②

---

① PTT（Professional Trainer Training）培训是职业培训师培训。

② TTT（Training the Trainer to Train）培训是国际职业训练协会（International Professional Training Association，IPTA）的培训师认证课程。

（二）培训班的开班流程及作业内容

保险代理人培训开班流程及作业内容如表 8.2 所示：

表 18.2　　　　　　　　保险代理人培训开班流程及作业内容

开班前的准备	培训实施	培训结束后的教学管理和费用核销
（1）培训班行事历的拟定，工作要细化到人； （2）培训学员的调训及确认； （3）培训通知的拟定和下发； （4）培训费用的签报、费用申领； （5）培训日程的安排，包括培训科目和培训时间的安排； （6）讲师的确认与邀请； （7）培训地点的选定，并按费用签报标准谈妥各项费用； （8）制作培训学员的桌牌； （9）准备培训的教学器材，包括手提电脑、投影机、插排、激光笔、白板笔、白板擦、胶带、裁纸刀等； （10）培训教室的布置，包括悬挂横幅、调试音响、座位摆放、投影机、投影幕的摆放，白板的准备等； （11）课堂所需资料的复印； （12）学员培训笔记本和笔的准备； （13）公司歌曲、课间轻松录音磁带准备； （14）学员茶杯准备，杯盖上贴好名单，教室门口喝水地点选定； （15）学员分组，按男、女比例和年龄大小搭配； （16）学员、讲师及其食宿的安排； （17）学员住宿房间的分配； （18）会务组人员的安排与落实； （19）班主任、助教的确认； （20）通知参训学员到训； （21）安排会务组，迎接学员报到； （22）开训准备； （23）开训领导的邀请； （24）开训拍照联系（视情况而定）； （25）训前与学员沟通，了解情况，宣讲纪律。	（26）开训主持； （27）开训领导讲话； （28）课堂纪律宣讲； （29）课堂气氛掌控； （30）课间播放轻松音乐； （31）随堂分发学员资料； （32）布置作业，组织学员晚间讨论； （33）学员考勤记录； （34）了解学员培训状况，与学员沟通； （35）结训主持； （36）领导结训讲话； （37）奖项评定及颁发。	（38）学员填写本次培训班教学成果反馈表； （39）培训结束后，会务人员总结检讨培训效果亟待改进之处； （40）培训结束后，助教及时清点各种教学器材，逐件收回，贵重物品，如摄像机、照相机、胸麦、投影机、投影幕等要小心清点，盘点无误后装箱交回公司，其余的教学物品带回到培训部交与教务人员保管； （41）与培训地点的酒店或宾馆结清培训期间学员及讲师所有的食宿费用，若场地是租用的，还需要结清场租费； （42）总费用和各单项费用必须控制在费用预算所列明的数目内，不得超支，最后到财务部门核销费用。

三、班主任及助教的工作内容

（一）班主任的工作

班主任的主要工作内容如下：

（1）介绍推荐讲师，保持与讲师和学员之间的衔接和沟通；

（2）安排学员的自习活动，组织课程回顾与辅导；

（3）组织培训期间的文体和激励竞赛活动；

（4）确保良好的培训纪律和秩序；

（5）合理支出与控制培训期间的费用；

（6）组织进行阶段性的测验和考试；

（7）组织参训学员填写"学员反馈表"。

（二）助教的工作

助教的主要工作内容如下：

（1）充分熟悉开班的流程及相关资料，密切配合班主任工作；

（2）按照规定做好准备，逐一清点应携带物品；

（3）熟练掌握教学器材的使用方法；

（4）联系开班的有关事项；

（5）布置教室；

（6）提前到场，检查场地、器材是否符合要求；

（7）学员随堂资料的印制，资料的准备；

（8）准备签到表、资料，接待学员报到；

（9）制作通信录；

（10）开、结训拍照的联系，相片名单的确认，相片的冲印、过胶；

（11）班主任交代的其他事项。

第二部分　实验设计

一、实验基本情况

（一）实验目的

保险公司的新员工基本不具备出色完成工作所必需的全部知识和技能，因此培训对保险公司，尤其是寿险公司来说是非常必要的。通过实验教学，使学生了解并掌握寿险公司培训的内容和流程，掌握班主任和助教在培训工作中的要领，并根据给定的材料进行寿险公司培训活动的策划，填写相关表格。

（二）环境用具

电脑、网络连接、Office办公软件、培训组织表格。

（三）实验学时

2学时。

（四）实验形式

分组讨论、角色模拟。

（五）实验重点

培训活动策划书的撰写。

二、实验内容与教学组织

（一）熟悉培训组织基本资料与要求

（1）将学生分组，仔细阅读附件材料。

（2）上网查阅保险公司培训要求、内容等。

（二）培训安排与表格填写

（1）请制作明确的全程时间安排表，包括具体课程时间表。

（2）请根据所给资料思考并模拟培训进程，根据需要填写附件中的各种表格。

【注意事项】

（1）学生可以根据实际情况更改资料数据，或者自拟不同的案例情景。

（2）填写表格数据一般要求填写部分数据即可，如学员名字填写 20 个左右即可。

（3）实验中涉及的人名、电话等资料请务必保密。

【思考题】

（1）保险公司代理人培训有哪几种类型？

（2）培训班主任的工作有哪些？

（3）培训助教的工作有哪些？

【参考文献】

刘平. 保险营销——理论与实务［M］. 北京：清华大学出版社，2012.

第三部分　实验报告

一、实验报告总表

实验报告总表如表 18.3 所示：

表 18.3　　　　　　　　　　　实验报告总表

实验编号及实验名称		实验 18　培训				
分组编号		组长姓名			组长学号	
实验地点		实验日期			实验时数	2 学时
指导教师		同组其他成员			评定成绩	
实验内容及步骤	实验内容	教学形式		时间控制	注意事项	
	熟悉实验材料	分组讨论		10 分钟	材料内容细致，务必仔细研读，确保实验能顺利进行	
	熟悉保险培训要求	分组讨论		20 分钟	自行上网查找资料，了解保险培训的要求和内容	
	培训时间安排表制定	分组讨论角色模拟		10 分钟	制定详细具体的时间安排表，包括课表	
	培训进程模拟	分组讨论角色模拟		40 分钟	思考和模拟培训进程，根据需要填写附件中的表格	

表18.3(续)

实验总结	
教师评语	

二、实验操作与记录

（一）熟悉培训组织基本资料与要求

（1）将学生分组，仔细阅读附件材料，请确认以下信息（可以另外假设案例）：

培训主题：＿＿＿＿＿＿＿＿＿＿＿＿＿＿＿＿＿＿＿＿＿＿＿＿＿＿＿

培训时间：＿＿＿＿＿＿＿＿＿＿＿＿＿＿＿＿＿＿＿＿＿＿＿＿＿＿＿

培训地点：＿＿＿＿＿＿＿＿＿＿＿＿＿＿＿＿＿＿＿＿＿＿＿＿＿＿＿

培训对象：＿＿＿＿＿＿＿＿＿＿＿＿＿＿＿＿＿＿＿＿＿＿＿＿＿＿＿

培训组织和工作人员：＿＿＿＿＿＿＿＿＿＿＿＿＿＿＿＿＿＿＿＿＿

＿＿＿＿＿＿＿＿＿＿＿＿＿＿＿＿＿＿＿＿＿＿＿＿＿＿＿＿＿＿＿＿

＿＿＿＿＿＿＿＿＿＿＿＿＿＿＿＿＿＿＿＿＿＿＿＿＿＿＿＿＿＿＿＿

培训课程：＿＿＿＿＿＿＿＿＿＿＿＿＿＿＿＿＿＿＿＿＿＿＿＿＿＿＿

＿＿＿＿＿＿＿＿＿＿＿＿＿＿＿＿＿＿＿＿＿＿＿＿＿＿＿＿＿＿＿＿

＿＿＿＿＿＿＿＿＿＿＿＿＿＿＿＿＿＿＿＿＿＿＿＿＿＿＿＿＿＿＿＿

＿＿＿＿＿＿＿＿＿＿＿＿＿＿＿＿＿＿＿＿＿＿＿＿＿＿＿＿＿＿＿＿

（2）上网查阅保险公司培训要求、内容等，本小组查阅的网站是：＿＿＿＿＿

本小组查阅的资料内容主要是：＿＿＿＿＿＿＿＿＿＿＿＿＿＿＿＿＿

＿＿＿＿＿＿＿＿＿＿＿＿＿＿＿＿＿＿＿＿＿＿＿＿＿＿＿＿＿＿＿＿

＿＿＿＿＿＿＿＿＿＿＿＿＿＿＿＿＿＿＿＿＿＿＿＿＿＿＿＿＿＿＿＿

＿＿＿＿＿＿＿＿＿＿＿＿＿＿＿＿＿＿＿＿＿＿＿＿＿＿＿＿＿＿＿＿

＿＿＿＿＿＿＿＿＿＿＿＿＿＿＿＿＿＿＿＿＿＿＿＿＿＿＿＿＿＿＿＿

（二）培训安排与表格填写

（1）请制作明确的全程时间安排表（包括具体课程时间表）。

（2）请根据所给资料思考并模拟培训进程，根据需要填写附件中的各种表格。

【实验 18　附件】

一、培训案例背景资料

根据公司组织发展的需要，坐落于广州市的爱迪生寿险公司市场营销部拟定于 2013 年 11 月 8 日~9 日在从化温泉镇花溪酒店举办为期两天，名为"挑战自我，成就梦想"的寿险营销员培训。假定你是该公司培训部的培训人员，并且是此次活动公司委任的培训班班主任。请根据以下资料，撰写培训活动的策划书，对培训工作进行前期筹备，拟定此次培训的通知，填写附件中的相应表格，最后将所有的电子、书面文档在培训结束后一并汇总、整理归档，填写试验报告。

二、爱迪生寿险公司培训项目背景资料

（一）参训人员、培训地点、往返程安排

此次培训主要针对的是加入爱迪生公司不到 1 年的寿险营销员，除班主任外，参训人员共有 30 人，助教 1 名，工作人员 3 名，培训讲师 4 名，公司开训领导 1 名，具体名单详见"参训人员名单"。培训地点定于从化温泉镇花溪酒店，距广州车时 1 小时 30 分钟左右。公司定于 11 月 8 日 8:00 从天河体育中心北门出发，9:30 左右到达从化温泉镇花溪酒店后，由工作人员派发房间钥匙，参训人员安置行李。10:00 在酒店二楼会议室正式培训，午餐时间为 12:00~13:00，午休时间为 13:00~13:45，下午培训时间为 14:00~17:30，晚餐时间为 18:00~19:00。晚餐后，各学员回房温习培训内容，并进行话术演练，工作人员于 22:00 开始查房，了解学员学习情况。11 月 9 日叫早 (Morning Call) 的时间为 6:30，7:00 在酒店操场集中开始晨训，8:00~8:45 为早餐时间。9:00 开始上午的培训。上午培训下课期间、中午及下午培训的安排同 11 月 8 日。中午午餐前由班主任通知学员 14:00 前收拾完行李，下午培训时带回教室，房卡于下午课程前统一交到班主任处，统一办理退房。课程结束用完晚餐后，全体人员乘车返回广州，21:00 左右达到广州，结束两天一晚的愉快行程。

（二）培训相关费用说明

经过初步与酒店洽谈，酒店的房费为 160 元/间（双人标准间），早餐的餐标为 10 元/人，午餐的餐标为 20 元/人，晚餐的餐标为 20 元/人，房间内若加床，则收取加床费用 80 元/张。酒店的中型会议室可容纳 50 人，收费标准为 200 元/小时，会议室内配备了投影机、白板、话筒、音响等基本设备。在车辆使用方面，准备租用一辆 50 座的大巴车，租车费用约为 2 000 元。此次外出不配备专业的医务人员，外出的一些急需必备应急药品需要项目筹备组自行采购，培训过程中使用到的白板笔、白板纸、资料等需要根据课程时间及人数提前准备。

（三）培训课程内容

整个培训内容涵盖公司产品、时间管理、销售循环、增员等多项内容，具体的授课课程内容详见下表：

表 18.3 　　　　　　　　　　　　　外训课程一览表

序号	课程	序号	课程
1	爱迪生寿险公司企业文化	8	销售循环——安排约访
2	保险营销员管理规定	9	销售循环——成交面谈
3	洪福齐天养老年金保险	10	销售循环——促成面谈
4	喜洋洋少儿教育金保险	11	销售循环——递送保单和售后服务
5	康恒重大疾病保险	12	如何成为顶级销售人员
6	时间管理	13	如何有效增员
7	销售循环——寻找准客户	14	爱迪生寿险公司规章

备注：课程顺序由项目筹备组自行确定。

三、其他资料

外训课程一览空白表（如果本小组自拟案例时使用）

序号	课程	序号	课程
1		8	
2		9	
3		10	
4		11	
5		12	

序号	课程	序号	课程
6		13	
7		14	

备注：课程顺序由项目筹备组自行确定。

参训人员名单

序号	姓名	工号	性别	业务区	联系电话	电子邮箱
1						
2						
3						
4						
5						
6						
7						
8						
9						
10						
11						
12						
13						
14						
15						
16						
17						
18						
19						
20						
21						
22						
23						
24						
25						
26						
27						
28						

"挑战自我，成就梦想"培训活动通知

各营业机构：

为了配合公司业务发展和增员的需要，爱迪生寿险公司培训部将于____年__月__日~__月__日开办为期____天的训练课程，具体培训事项如下：

一、培训时间

二、培训地点

三、参训学员

四、参训学员注意事项

1. 严格遵守上课时间，不要迟到早退。
2. 着装符合公司以下要求：
（1）男士：穿西装，衬衫，打领带，配皮鞋。
（2）女士：穿正式服装。
（3）严禁穿 T 恤、牛仔裤、露背装、运动鞋。
（4）不提倡男士穿花衬衣。
3. 课堂要求如下：
（1）认真听课，课间不能随意走动。
（2）不能在课堂上吸烟、吃零食。
（3）关闭手机。
（4）积极参与讨论、回答问题。

爱迪生寿险公司培训部
年　月　日

培训项目费用预算表（示例）

项目内容	单价（元）	数量	总金额	备注
交通费	2 000	1	2 000	大巴车租车

表（续）

项目内容	单价（元）	数量	总金额	备注
费用总计（小写）：　　　元				
费用总计（大写）：				

制表：　　　　　　　　审核：　　　　　　　　日期：

培训物料清单（示例）

序号	物品	数量	准备情况	负责人	备注
1	培训资料	40 份	已准备	李红	按学员实际人数，多 10 份备用
2					
3					
4					
5					
6					
7					
8					
9					
10					
11					
12					
13					
14					
15					

表（续）

序号	物品	数量	准备情况	负责人	备注
16					
17					
18					

制表：　　　　　　　　　审核：　　　　　　　　　日期：

培训学员通信录（示例）

序号	业务区	姓名	性别	电话/手机	电子信箱
1	广州	叶凡	女	13324567123	Yf@ sina.com
2					
3					
4					
5					
6					
7					
8					
9					
10					
11					
12					
13					
14					
15					
16					
17					
18					
19					
20					
21					
22					
23					
24					
25					

表（续）

序号	业务区	姓名	性别	电话/手机	电子信箱
26					
27					
28					
29					
30					

填写说明：请按业务区进行通信录的制作

培训分房表（示例）

序号	业务区	姓名	房间号	备注
1	广州	叶凡	201	
	佛山	袁立		
2				
3				
4				
5				
6				
7				
8				
9				
10				
11				

表（续）

序号	业务区	姓名	房间号	备注
12				
13				
14				
15				

填写说明：该表格可以根据实际分房情况进行增减或修改，若余单男或单女，可采用加床处理。

培训班课程表（示例）

日期	时间	课程内容	讲师
2015 年 11 月 8 日	10：00~12：00	爱迪生寿险公司企业文化	赵总

表（续）

日期	时间	课程内容	讲师

制表：　　　　　　　　　　审核：　　　　　　　　　　日期：

培训学员签到表（示例）

序号	业务区	姓名	工号	11月8日		11月9日		备注
				上午	下午	上午	下午	
1	广州	叶凡	G060900	√	√	√	√	
2								
3								
4								
5								
6								
7								
8								
9								
10								
11								
12								
13								
14								
15								
16								
17								
18								
19								
20								
21								
22								
23								
24								
25								

填写说明：该表格可根据实际学员人数进行增加，现场签到时须学员亲自签名，培训后讲师整理制作电子版时可根据出勤情况以√或×代替。

培训班分组名单（示例）

组别	业务区	姓名	性别	组别	业务区	姓名	性别
	广州	叶凡	女				
第一组				第四组			
第二组				第五组			

组别	业务区	姓名	性别	组别	业务区	姓名	性别
第三组				第六组			

制表:　　　　　　　　审核:　　　　　　　　日期:

培训学员反馈表

班级名称：_____

培训时间：_____

学海无涯勤是岸，青云有路志为梯！期盼本次培训课程能对您的学习与工作有所帮助、有所启发。为使以后的培训更趋完善，请您提供宝贵的意见。谢谢您的参与！

一、您认为本次培训课程的内容：　　　太多　刚好　不够

理论方面　　　　　　　　　　　　　　　□　　□　　□

实务方面　　　　　　　　　　　　　　　□　　□　　□

二、您认为本次培训授课情况：　　　　特优　好　普通

讲师方面　　　　　　　　　　　　　　　□　　□　　□

其他教学辅助器材的使用　　　　　　　□　　□　　□

（如投影片等）

重点解释说明　　　　　　　　　　　　□　　□　　□

内容生动有趣　　　　　　　　　　　　□　　□　　□

讲师授课热忱度　　　　　　　　　　　□　　□　　□

三、您认真思考一下，本次培训让您获益最多的讲师是：

1. _____　2. _____　3. _____

四、您认真思考一下，本次培训您认为授课需要改善的讲师是：

1. _____　2. _____　3. _____

五、您对本次培训的课程有何建议？您有何心得？

课程建议：

心得体会：

培训班评估表

班主任：_____　　　　　开班日期：_____年____月____日至____月____日

培训班名称：		培训地点：	
参训对象：			
报名人数：		实际参训人数：		参训率（%）：	
预算费用（人民币元）：		实际费用（人民币元）：	

表(续)

学员与班主任评估汇总情况				
项目 人员	教学及讲师方面		班务方面	
	好的方面	需要改进方面	好的方面	需要改进方面
学员				
班主任				
科室主任意见: 签名:				
部门总经理意见: 签名:				

培训班工作总结

培训名称			
执行人		时间	
参加人员		人数	
培训执行情况			

表（续）

学员表现及反馈
优秀学员： 流失学员： 不及格学员： 其他：
培训部意见

制表：　　　　　　　　审核：　　　　　　　　日期：

培训班文档归档目录（示例）

培训班名称：　　　　　　　　　　　　　　　日期：

题名	内容	责任人	备注
"挑战自我，成就梦想"培训活动通知	通知各业务区培训时间、地点、参训人员等相关培训信息	张兰	

表18.17(续)

题名	内容	责任人	备注

填写说明：归档目录中文档的排列顺序请按照各文档产生的先后排列。

实验 19　销售团队日常管理

第一部分　销售团队日常管理基础知识

团队管理指在一个组织中，依成员工作性质、能力组成各种小组，参与组织各项决定和解决问题等事务，以提高组织生产力和达成组织目标。在保险公司的销售团队日常管理中，包含了团队文化、会议制度、激励机制、活动量管理、绩效考评、队伍稳定、培训等内容，只有协调处理好这些问题，才能使团队正常运作，创造出更好的业绩。

一、团队文化营造良好工作氛围

团队文化是指在团队建设及发展过程中形成的、为团队成员所共有的价值观、工作态度和行为规范。团队文化是团队成员共同拥有的文明基础、文化成就感和文化心理，是团队环境和意识的灵魂。团队文化是团队成员的共同价值观，对团队文化的扬弃又能为团队提供积极的正能量。团队文化是团队凝聚力和共同动力的根本，通常包括团队的制度、团队的人际关系、团队的价值观、团队的精神和口号等。团队文化建设一般有八项规则（见表 19.1）。

表 19.1　团队文化建设的原则

序号	原则	含义
1	目标原则	要有一个有价值的团队目标
2	共识原则	所有成员对团队目标一致认同
3	整体原则	队员配合协作、团结一致
4	卓越原则	通过集体努力不断提高，追求更好
5	成效原则	激励机制，包含物质的奖励与精神的奖励
6	实证原则	实事求是地面对困难、解决问题
7	亲密原则	团队成员之间亲密无间、感情融洽
8	正直原则	能够公正对待、及时处理团队问题

二、会议制度是架在业务员与公司之间的桥梁

团队会议是团队管理的重要环节，是落实公司政策、解决团队问题以及加强人员管理的重要手段。尤其是保险公司的销售团队，工作性质决定了其工作时间较为自由、工作地点具有不确定性。团队会议对于保险团队管理更为重要，只有通过会议才能把成员聚在一起实施信息交流、业务培训、激励士气。团队会议是业务员与团队、公司沟通的桥梁，是让业务员随时掌握公司的各种方针政策、激发潜能、提升素质的重要方式。团队会议的作用包括：传达信息；获取意见或反馈；分析和解决问题；说服他

人；讨论和交换意见；培训和开发；鼓舞和激励；巩固现状；协商或化解矛盾；促进知识、技术或观念的变革。

与日常管理密切相关的会议是大早会和二次早会（详细内容见实验 15）。

三、激励机制是业绩的催生剂

销售团队在保险推销过程中很容易被拒绝，容易产生挫折感，因此日常的团队管理中激励显得特别重要。在团队管理中，只有首先调动起下属的积极性，才能通过他们实现团队整体的计划、组织和控制的职能，维护系统的正常运转，进而实现团队的各项目标。

所谓激励，就是组织通过设计适当的需求奖励和工作环境，以一定的行为规范和惩罚性措施，借助信息沟通，来激发、引导、保持和规范团队成员的行为，以有效地实现组织及其成员个人目标的系统活动。激励的含义包括：激励的出发点是满足组织成员的各种需要；科学的激励工作需要奖励和惩罚并举；激励贯穿员工工作的全过程；信息沟通贯穿激励工作的始终；激励的最终目的是在实现组织预期目标的同时，也能让组织成员实现其个人目标。

哈佛大学的威廉·詹姆斯在对激励的研究中发现，激励可以充分发挥人的能力。人们一般只会运用20%~30%的能力来应付工作，若给予充分的激励，则他们的能力可发挥至80%~90%。激励不仅可以使人发挥才智、释放能量，还是能量再生、才智发展壮大的必要条件。为调动团队业务员的积极性，激励是保险行业永恒的管理手段，是保险团队管理的核心环节。常用的激励方式有目标激励、业绩激励等（见图 19.1）。

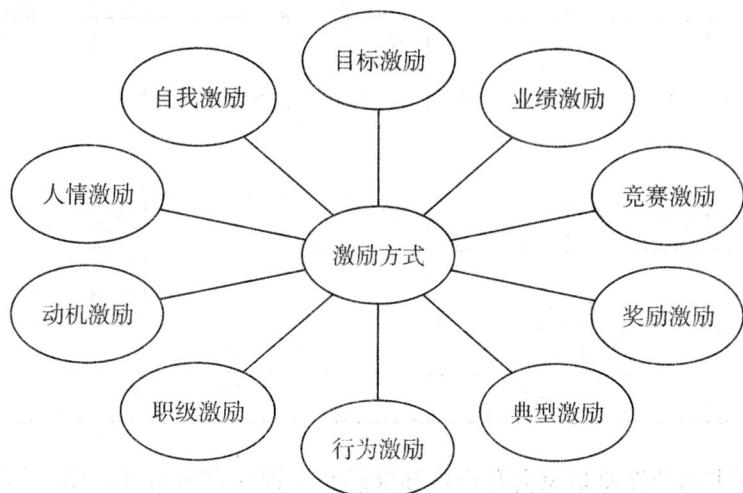

图 19.1　常见的激励方式

为达到激励的有效性，要注意几点：一是规则的公平性；二是选择激励的合适时机；三是要广泛征求团队成员的意见；四是目标要适当，即通过努力之后是可以达到的，如目标高不可及只会导致成员提前放弃激励；五是深入宣传引导激励案，提高激励案的影响力，引起团队成员的关注，并注重日常追踪，让成员知道自己与目标的差距，以便调整营销举措。激励是一门管理艺术，有效的激励对团队营销管理起到十分重要的作用。

四、活动量管理

活动量管理是对业务团队销售活动进行有效管理的方法，是对业务员的工作进行全过程跟踪管理的管理过程。活动量管理起到提高员工拜访量、增加员工准客户量、形成有效客户记录、掌握员工日常活动的工作效果。善用管理工具，如工作日志、主管工作日志等，是活动量管理的必备工具（见表19.2和表19.3）。

表 19.2 　　　　　　　　　　业务员工作日志

序号	日期	时间段	拜访对象	推荐险种	保安规律	客户需求评估

表 19.3 　　　　　　　　　　业务员月度工作检视表

项目	本月目标	本月达成率	环比增长额	环比增长率	同期增长额	同期增长率
保费收入（元）						
保单件数（件）						
新增客户（个）						
续保客户（个）						
新准客户（个）						
本月小结：						
主管点评：						

业务员对书面的作业难免会有拖沓和反感，主管在宣传引导此项工作时，一定要让业务员知道他们做这些书面记录的功用何在，以免流于形式而失去其原本的功用。工作日志和工作检视表是业务员进行自我管理的必要工具，原始的拜访记录可以帮助业务员进行客户总结和改进销售模式。

五、加强绩效考评

团队主管在团队管理中，必须让每个成员时刻牢记自己的目标和任务，对他们的工作过程实施有效的监控和指导。团队主管还要根据团队成员目标任务的完成情况实施考评，对业绩优秀的员工及时表扬奖励，对业绩落后的员工要加以督促、加强管理，必要时加以约束，甚至淘汰。团队绩效是指团队成员在特定时期内的工作表现、工作效率和工作成绩。一般用评估和考核的办法加以衡量，保险公司的绩效具有可量化的、非主观的特点，所有的指标都是用数字说话。团队主管通过对团队成员在特定期间内的业绩分析和考评，以评估团队达成目标的进展情况，也作为团队下阶段工作改善的依据，并根据具体化的绩效结果来制定更合理的晋升、奖励、培训等制度，以激发和调动员工的积极性。

以寿险营销团队为例，绩效考核的指标有访问率、成功率、人均件数、业绩达成率、人均保费、出单率、合格人员率等。各保险公司的考核指标会有所差异，同一公司根据公司的目标和销售进度在不同的阶段考核指标也会有所调整。

访问率＝访问次数/工作天数×100%

成功率＝签单件数/访问总次数×100%

人均件数＝首年保单件数/访问总次数×100%

业绩达成率＝实际保费/计划额×100%

人均保费＝首年保单保费收入/（期初业务员人数＋期末业务员人数）×100%

出单率＝本期出单业务员人数/（期初业务员人数＋期末业务员人数）×100%

六、维护队伍的稳定性，适时增员

人是团队中最重要的资源，团队成员的选择标准应是"最合适"，而不是"最优秀"。高效的营销团队需要三种不同技能类型的成员，一是具有技术专长的人，二是具有发现、解决问题和决策技能的人，三是具有较强大人际关系的人。只有在团队队伍稳定的情况下，才能使成员将其内在的潜力发挥出来。特别是在保险业，调动团队成员的主观能动性对提高销售业绩具有至关重要的作用，才能实现团队的共同目标。

例如，实验 17 的增员行动是寿险公司日常工作不可或缺的一部分，寿险营销的独特性造成了必须通过建立有效的增员模式，让更多高素质的营销人才加盟寿险行业，提高留存率，才能确保营销队伍的不断壮大。寿险营销策略是"人海战术"，只有足够多的人去推销，才能提高销售业绩。

七、培训

培训是保险营销的重要环节，通过培训，提高业务员对保险知识的认知、增强其对从事保险营销的信息、学习营销技巧，以达到提高营销业绩的目的。实验 18 对培训已进行了详细讲解，此处不再赘述。

第二部分 实验设计与操作

一、实验基本情况

（一）实验目的

通过实验教学，使学生了解常用的销售团队日常管理软件；使学生熟悉保险销售团队日常管理的内容和技巧，包括团队文化、会议制度、激励机制、活动量管理、绩效考评、队伍稳定、培训等内容。通过角色扮演，使学生熟练掌握保险销售团队的日常管理技巧，能根据团队的情况及时进行管理方式的调整，落实好每一项管理内容，灵活应用好管理技巧，以达成团队的任务目标。

（二）环境用具

电脑、网络、销售团队日常管理软件、保险信息统计资料等。

（三）实验学时

2学时。

（四）实验形式

分组讨论、情景模拟、软件操作。

（五）实验重点

日常管理的主要内容。

二、实验内容、实验用具与时间安排

（一）了解销售团队日常管理软件

（1）安排学生使用日常管理软件，了解软件主要功能。

（2）虚拟销售团队成员5人以上，假设软件所需各项数据，输入软件系统，方便进行各项数据分析，模拟团队日常管理。注意查阅保监会等网站，获取相关数据，保证模拟数据的合理性。

（二）销售团队日常管理模拟

（1）根据销售团队日常管理主要内容，结合软件实际功能和项目，逐步模拟团队管理各项内容，如在团队管理软件中输入（培训、创说会、产说会等）会议信息、增员与减员信息、绩效（访问率、成功率、人均件数等指标任选一项即可）变动考评。

（2）将上述模拟的结果进行分析，指出问题或提出对策。

（三）销售团队日常管理指定材料问题诊断

（1）阅读以下材料，分析团队在第四季度出现纪律松散、业绩进度迟缓等的原因，并提出整改处理的措施，使团队重新振奋士气，重拾销售激情，顺利完成当年的任务目标。

（2）材料如下：

某保险公司的A销售团队有主管1名，业务员20名。该团队一直以团结奋进、激情工作为团队精神，业绩一直遥遥领先，前3季度均超额完成公司下达的计划。进入第四季度，团队出现纪律松散状况，晨会经常有业务员请假，且有3名业务员提出辞职到新的保险公司晋级就职。该团队的业绩进展明显迟缓。

经了解，同业和公司近期的情况变化包括：

①因公司整体的业绩有缺口，为达成全年计划，公司给各团队重新调整全年任务，基本上每个团队都增加了任务；

②因本年度的销售费用支出较预算超标，取消第四季度的激励案；

③有一新保险公司的当地机构在筹建，到处"猎鹰"；

④接近年底考核，对部分业绩不达标的业务员将进行预警，甚至淘汰。

【注意事项】

（1）输入模拟数据时，要注意数据的合理性，因此可以引导学生查阅保险行业协会、保监会等网站，获取相关销售数据，进行必要的数据分析。

（2）整改措施的实施是否让团队成员接受，是否能对团队产生正能量。

【思考题】

（1）保险销售团队日常管理主要有哪些内容？

（2）销售团队日常管理中可以用哪些指标考核绩效？

【参考文献】

［1］章金萍，李兵. 保险营销实务［M］. 北京：中国金融出版社，2012.

［2］方有恒，郭颂平. 保险营销学［M］. 上海：复旦大学出版社，2013.

第三部分　实验报告

一、实验报告总表

实验报告总表如表 19.4 所示：

表 19.4　　　　　　　　　　　　　实验报告总表

实验编号及实验名称	实验 19　销售团队日常管理				
分组编号		组长姓名		组长学号	
实验地点		实验日期		实验时数	2 学时
指导教师		同组其他成员		评定成绩	
实验内容及步骤	实验内容	教学形式	时间控制	注意事项	
	了解团队管理软件	分组讨论 软件操作	30 分钟	注意输入数据的合理性	
	日常管理模拟	分组讨论 软件操作 情景模拟	30 分钟	各项指标变动模拟尽量结合软件功能，同类型指标任选一个即可	
	指定材料问题诊断	分组讨论	20 分钟	围绕团队管理的主要内容思考问题，知晓该问题属于团队管理哪一方面的问题	

表19.4(续)

实验总结	
教师评语	

二、实验操作与记录

（一）了解销售团队日常管理软件

（1）本小组使用的团队管理软件名称是：＿＿＿＿＿＿＿＿＿＿＿＿＿＿＿

该软件的主要功能有：＿＿＿＿＿＿＿＿＿＿＿＿＿＿＿＿＿＿＿＿＿

＿＿＿＿＿＿＿＿＿＿＿＿＿＿＿＿＿＿＿＿＿＿＿＿＿＿＿＿＿＿＿＿＿

＿＿＿＿＿＿＿＿＿＿＿＿＿＿＿＿＿＿＿＿＿＿＿＿＿＿＿＿＿＿＿＿＿

＿＿＿＿＿＿＿＿＿＿＿＿＿＿＿＿＿＿＿＿＿＿＿＿＿＿＿＿＿＿＿＿＿

（2）本小组输入的数据列举如下：

数据1：＿＿＿＿＿＿＿＿＿＿＿＿＿＿＿＿＿＿＿＿＿＿＿＿＿＿＿＿

＿＿＿＿＿＿＿＿＿＿＿＿＿＿＿＿＿＿＿＿＿＿＿＿＿＿＿＿＿＿＿＿＿

＿＿＿＿＿＿＿＿＿＿＿＿＿＿＿＿＿＿＿＿＿＿＿＿＿＿＿＿＿＿＿＿＿

数据2：＿＿＿＿＿＿＿＿＿＿＿＿＿＿＿＿＿＿＿＿＿＿＿＿＿＿＿＿

＿＿＿＿＿＿＿＿＿＿＿＿＿＿＿＿＿＿＿＿＿＿＿＿＿＿＿＿＿＿＿＿＿

＿＿＿＿＿＿＿＿＿＿＿＿＿＿＿＿＿＿＿＿＿＿＿＿＿＿＿＿＿＿＿＿＿

数据3：＿＿＿＿＿＿＿＿＿＿＿＿＿＿＿＿＿＿＿＿＿＿＿＿＿＿＿＿

＿＿＿＿＿＿＿＿＿＿＿＿＿＿＿＿＿＿＿＿＿＿＿＿＿＿＿＿＿＿＿＿＿

＿＿＿＿＿＿＿＿＿＿＿＿＿＿＿＿＿＿＿＿＿＿＿＿＿＿＿＿＿＿＿＿＿

数据4：＿＿＿＿＿＿＿＿＿＿＿＿＿＿＿＿＿＿＿＿＿＿＿＿＿＿＿＿

＿＿＿＿＿＿＿＿＿＿＿＿＿＿＿＿＿＿＿＿＿＿＿＿＿＿＿＿＿＿＿＿＿

＿＿＿＿＿＿＿＿＿＿＿＿＿＿＿＿＿＿＿＿＿＿＿＿＿＿＿＿＿＿＿＿＿

数据 5：_____

_____

_____

数据 6：_____

_____

_____

数据 7：_____

_____

_____

数据 8：_____

_____

_____

（二）销售团队日常管理模拟

（1）本小组模拟变动的数据如下：

数据 1：_____

_____

_____

数据 2：_____

_____

_____

数据 3：_____

_____

_____

数据 4：_____

_____

_____

数据 5：_____

_____

_____

数据 6：_____

_____

_____

（2）对各项数据变动进行分析，本小组认为存在的问题或提出的对策如下：

问题/对策 1：_____

_____

_____

问题/对策 2：_____

_____

_____

问题/对策 3：_____

_____

_____

问题/对策 4：_____

_____

_____

问题/对策 5：_____

_____

_____

问题/对策 6：_____

_____

_____

（三）销售团队日常管理指定材料问题诊断

阅读材料之后，本小组认为出现问题的原因如下：

_____

_____

_____

_____

_____

解决问题的对策如下：

第10章 营销员扩展知识

实验20 核保基础

第一部分 核保基础知识

一、保险核保的概念

保险业是经营风险的特殊行业，以风险为经营对象，为人们提供风险保障，是风险管理的有效方法。但是并不是所有的风险都适合用保险来处理，我们把保险人可以承担的风险称为可保风险，否则即为不可保风险。可保风险必须满足一定的条件。

保险人对风险进行甄别、选择并确定承保条件等的过程，我们称为保险核保，即保险公司对参加保险的个体加以分类筛选，根据不同的危险程度匹配适当的承保条件，以维护保险计划的公平合理。核保是承保过程的核心环节，是保险公司控制承保风险、提高保险经营质量的关键步骤。在核保过程中，核保人员将根据标的物的风险类别不同，对投保申请进行审核，在符合公司核保政策的情况下，确定保险费率。

二、保险核保的主要工作和环节

保险按承保标的分类，可以分为财产保险和人身保险。财产保险包括企业财产保险、家庭财产保险、农业保险、责任保险、信用保险等；人身保险包括人寿保险、健康保险、意外伤害保险。由于标的的差别，导致了各险种的保险责任、费率核定标准、风险管控的要求不尽相同，这就给核保工作提出了差异化的要求。一般情况下，各保险公司会分险种来进行核保。各险种的核保内容有所差异，但归纳起来，主要包含以下几项工作和环节：

（一）制定核保政策

各公司或部门会根据自身的净资产规模、偿付能力和经营策略来制定与公司经营目标相一致的核保政策。为保证政策的稳定性，通常是每年修订一次。当期间出现经营情况的重大异动，公司或部门会对部分核保政策进行调整。各保险公司会先按保险产品大类来分别制定核保政策定，如产险公司将分别制定车险、财产险、人身意外和健康险的核保政策，再结合各地区的市场差异，制定细分的险种核保细则，如车险再细分车损险、第三者责任险、全车盗抢险、玻璃单独破碎险、车上座位责任险等各险别的核保细则。核保政策一般包括险种的经营策略、经营目标、适用条款、定价模式、适用的保险单、鼓励和拒绝承保的业务范围、保险金额的核定标准等。

（二）收集核保信息

核保信息是核保人员判断承保风险的重要来源，信息收集渠道、一是来自于投保资料，包括投保单、健康告知声明、收入告知声明、被保险人清单、个人情况调查问卷、投保单位的营业执照、资质证书等保险人要求提供的与承保风险相关的基础资料，是最基本的信息渠道；二是通过社会公共部门、媒体报道等渠道了解到与投保人、被保险人、保险标的相关的信息。例如，通过医院了解被保险人的既往病史，通过安全监管部门了解企业的安全生产纪录，或是通过媒体报道的与投保人有关的信用、安全管理等信息，都可作为核保的依据。

（三）审核核保信息

核保信息的审核是核保的关键环节，对保险标的的各项风险因素进行全面的评估，通过审核，选择可承保业务，排除不合格的风险标的。各险种依据核保政策要求进行审核，不同险种的风险因素也不尽相同。以人身保险为例，人身保险核保信息的审核主要包括以下三个方面：

1. 健康因素

（1）年龄。年龄是影响死亡率和患病率的主要因素，死亡率和疾病发生率概率一般随着年龄的增加而增加，因此人身保险均对投保人的年龄一般都有所限制，如某产品的投保年龄为 3~60 周岁，超出该年龄范围的人群不能投保。

（2）性别。女性的平均寿命较男性长，同一年龄段的人群，除妊娠期外，女性的死亡率低于男性，因此女性的定期寿险费率低于男性。妊娠期是女性特殊的生理时期，容易患上糖尿病、高血压等妊娠并发症，保险公司一般对处于妊娠期的女性不予承保健康险。

（3）家族病史。家族病是指遗传因素起主导作用的疾病。具有较强家族倾向病史者，将大大增加某些疾病在家族其他成员中发生的可能性，如高血压病、冠心病、糖尿病等。

（4）既往病史。既往病史是被保险人投保前曾经罹患病史或身体遭受损伤的情况。一些疾病治愈后对被保险人的身体无严重影响，可以正常承保。某些既往病症对被保险人的身体有重大影响，治愈后的复发可能性较大或是容易引起并发症，这种情况核保人将根据病史资料判断是否拒保。如承保的话，会增加一些限制条件，如增加"由于既往病史导致发生的疾病及其并发症为除外责任"的特别约定，或是提高保费进行承保。

（5）现存病状。现存病是指被保险人在投保时正患有的疾病。核保人将根据现存病的疾病性质、疾病病程、发作次数、治疗方法和治疗效果等进行综合评估，以判断其健康风险。

（6）身体状况。身体状况包括身高、体重、血压、心电图、尿液检查指标、血液检查指标等。按照医学上的标准，每个指标都有一个正常的区间数据，当超出正常指标时，核保人将视其超常程度决定是否可保。

2. 非健康因素

（1）职业风险。职业风险包括工伤事故风险和职业病风险。各保险公司制定并下发"职业分类表"供业务员和核保人使用。"职业分类表"将各行业的大部分工种进行分类,按工伤事故风险的高低进行分类,一般分为5~6类,各类别对应不同的费率。核保政策对于高风险行业,如消防员、矿业采石、防暴警察、海上作业、高空作业、特技演员等工作人员有特殊的承保要求,一般是拒保或限制承保。关于职业病风险,某些职业会带来一定的健康危害,长期从事该职业容易患上职业病,这也是核保人应考虑的因素。

(2)保险利益。保险利益是指投保人对保险标的具有法律上承认或认可的利益。《中华人民共和国保险法》第三十一条规定:"投保人对下列人员具有保险利益:(一)本人;(二)配偶、子女、父母;(三)前项以外与投保人有抚养、赡养或者扶养关系的家庭其他成员、近亲属;(四)与投保人有劳动关系的劳动者。除前款规定外,被保险人同意投保人为其订立合同的,视为投保人对被保险人具有保险利益。订立合同时,投保人对被保险人不具有保险利益的,合同无效。"因此,投保人对被保险人是否有保险利益是核保人的审核内容之一。

(3)爱好与习惯。了解被保险人是否有赛车、跳伞、攀岩等高风险的业余爱好,以及是否吸烟、酗酒的不良习惯。

3. 财务因素

核保中一般根据被保险人的年平均收入来确定保险金额,对于年缴保费要求控制在年收入的20%以内。对于高保额,如保险金额超过50万元,一般要求提供个人收入告知书、财务问卷等资料。财务因素的审核主要是为了防范道德风险。

以上的各项风险因素来源于前期收集的核保信息,这就要求核保信息必须是真实的,要求投保人必须如实告知各项信息,如有不属实内容,将影响核保人对风险的判断。如后期出险,将导致合同纠纷。

(四)核保决策

在收集和审核完核保信息后,核保人需开始对标的进行核保决策,决策必须在符合公司核保政策规定的范围内进行,否则视为无效。在核保决策时,需特别留意投保人是否存在逆选择或者道德风险。核保决策过程主要包括以下四项:

1. 保险标的的筛选

通过审核投保标的的风险状况,判断是否属于可保范围。

2. 确定保险责任

通过对保险标的风险的评估,确定承保责任范围,明确对所承保风险应负的赔偿责任。对于具有特殊风险的投保标的,保险人须采用附加条款或特约条款进行约定,或者增加保费。

3. 确定保险金额

保险金额是依据标的的价值或是投保方对标的所具有的保险利益额度来确定的,要避免超额承保。

4. 核定保险费率

在确定以上1~3项的情况下,核保人进一步核定费率。

（五）签发保单

在确定承保方案后，保险人正式签发保险单，标志着保险经济关系正式确立。签发保险单一定要注意是否符合"见费出单"的规定。

（六）单证归档

正式签发保单后，经过投保人或被保险人交付保险费（合同允许先出单后收费时）和签收保险单环节，有关单证应立即归档，并妥善保管。

三、保险核保的分类

按照管理类型的组织结构不同，保险核保分为集中的核保管理和分权式的核保管理。这种分类由保险公司的组织架构决定。集中核保一般仅在总、分公司设置核保岗位，负责处理辖区所有业务的核保。分权式核保是逐级授权，各分支机构均设置核保岗位，负责处理不同级别的业务。一般情况下，越处于基层的机构核保权限越低，仅处理一些低风险、低额度的业务，各级机构根据风险和承保条件逐级上报审批。

按照核保方式的不同，保险核保分为系统自动化核保和人工核保。随着电子信息技术的普及和发展，系统自动化核保在各保险公司广泛应用。系统自动化核保是指通过内勤人员将投保资料的所有信息录入系统，电脑将自动对录入信息和系统相应模块的标准信息进行比对，符合条件给予核保通过；如不符合条件将退回或转人工核保。对于标准化费率、风险因素固定的个人险种，如车险、个人意外险、旅游意外险、家庭财产险一般采用系统自动化核保，可以提高核保时效，且准确度高。大部分团体业务由于存在议价空间，且投保人的差异化要求较多，一般采用人工核保的模式。

在人工核保中，公司对核保人的管理一般是实行等级管理制，根据核保人员的工作期限、对保险产品和公司政策的熟悉程度、对风险的评估能力、对保险市场发展趋势的判断能力等技能水平进行分类，规定不同等级核保人员的职权和相应的审批权限。

第二部分 实验设计

一、实验基本情况

（一）实验目的

通过实验教学，让学生扮演核保人的角色，了解核保政策，能通过对拟定的投保标的的风险因素进行审核，对照核保政策对投保资料的各项信息进行审核，综合评估投保标的的风险状况，初步作出核保决策。本实验不仅要求学生掌握核保知识，更要求学生具备一定的分析能力和逻辑思维能力。

（二）环境用具

电脑、保险实验教学软件、网络连接、核保政策范本、投保单、投保人提供的风险评估资料、保单等单证范本，以及纸张、钢笔、计算器等办公用品。

（三）实验学时

2 学时。

（四）实验形式

分组讨论、角色扮演、软件操作。

（五）实验重点

了解核保政策。

二、实验内容与教学组织

（一）了解保险公司的核保要求

（1）安排学生上网查找保险公司在线投保产品3个以上，查阅其对投保人的要求（核保条件）。

（2）将查阅到的核保条件记录，并制成图或表。

（二）初步作出核保决策

（1）将学生分组，安排小组成员分别扮演客户、核保人员、观察员等，由客户提出个人信息，核保人员按照所学知识核保，观察员检查核保过程与结果。

（2）将上述分工及实验过程进行记录。

（三）了解核保系统（课外完成）

（1）有条件的实验室可以在课外尝试使用核保实验软件，录入相关信息，了解核保系统。

（2）如果有保险公司核保手册，在保密的前提下，可以组织学生进行核保模拟。

【注意事项】

（1）学生演练时，要遵循核保工作步骤。

（2）核保软件和核保手册涉及保密要求，一般不能获取并应用于实验，因此部分实验只能在条件具备时进行。

（3）教师要提前准备具备产品核保要求的保险公司网站网址，确保实验顺利进行。

【思考题】

（1）核保一般有哪些步骤？

（2）人身保险核保一般需要审核哪些信息？

【参考文献】

[1] 魏丽，李朝锋. 保险学 [M]. 大连：东北财经大学出版社，2011.

[2] 郑华，辛桂华. 人身保险理论与实务 [M]. 2版. 大连：东北财经大学出版社，2014.

第三部分　实验报告

一、实验报告总表

实验报告总表如表20.1所示：

表 20.1　　　　　　　　　　　　**实验报告总表**

实验编号及实验名称	实验 20　核保基础			
分组编号		组长姓名	组长学号	
实验地点		实验日期	实验时数	2 学时
指导教师		同组其他成员	评定成绩	

实验内容及步骤	实验内容	教学形式	时间控制	注意事项
	了解保险公司核保要求	分组讨论	30 分钟	查阅保险公司具体产品的核保要求 3 个以上，并做记录，制成图或表
	初步做出核保决策	分组讨论角色扮演	50 分钟	先明确角色分工，然后对照核保步骤逐项审核，并做记录
	了解核保系统	分组讨论软件操作	课外完成	具备软件等条件时开展
实验总结				
教师评语				

二、实验操作与记录

（一）了解保险公司的核保要求

（1）本小组查阅的资料如下：

资料 1 网站名称：_____

网址：_____

保险产品名称：_____

保险产品（投保须知）核保要求链接：_____

_____

资料 2 网站名称：_____

网址：_____

保险产品名称：_____

保险产品（投保须知）核保要求链接：_____

_____

资料 3 网站名称：_____

网址：_____

保险产品名称：_____

保险产品（投保须知）核保要求链接：_____

_____

资料 4 网站名称：_____

网址：_____

保险产品名称：_____

保险产品（投保须知）核保要求链接：_____

_____

（2）将查阅到的核保条件记录，并制成图或表如下：

（二）初步作出核保决策

（1）本小组角色分工如下：

组员：_____ 扮演角色：_____

组员：_____ 扮演角色：_____

组员：_____ 扮演角色：_____

组员：_____ 扮演角色：_____

组员：_____ 扮演角色：_____

组员：_____ 扮演角色：_____

组员：_____ 扮演角色：_____

组员：_____ 扮演角色：_____

（2）角色扮演过程记录。

"客户"提供的信息如下：

"核保员"核保分析如下：

"观察员"观察得到的信息如下（逐步记录，并评价是否合理）：

（三）了解核保系统（课外完成）

（1）本小组使用的核保系统名称是：_____

_____

主要功能描述如下：

_____

_____

_____

_____

_____

_____

_____

（2）本小组查阅的核保手册是哪家保险公司的：_____
请按照实验设计（二）重新扮演角色，并做好记录。

实验 21　理赔基础

第一部分　理赔基础知识

一、保险理赔的定义和作用

（一）定义

理赔（Claim Settlement）是指保险事故发生后，保险人在接受客户索赔、进行现场查勘与取证的基础上，查明损失原因，估算损失程度，确定赔偿金额，并给付结案的一系列活动。

（二）作用

通过理赔，可以确定保险标的损失的原因是否属于保险责任承保的范围，确定保险标的的损失程度和损失金额，确定赔偿金额。

二、保险理赔的基本原则

（一）重合同，守信用

保险理赔处理时应严格按照保险合同条款的规定，受理赔案，确定损失。

（二）主动、迅速、准确、合理

保险理赔应遵循"八字方针"，即主动、迅速、准确、合理。

主动：要求保险理赔员对出险的案件，积极、主动地调查了解案情，进行现场查勘，掌握出险情况，进行事故分析，确定保险责任。

迅速：要求保险理赔员在处理赔案中讲究时效性，及时处理，做到查得准、办得快、赔得及时。

准确：要求保险理赔员从查勘、定损直至赔款计算，要做到准确无误，不错赔、不滥赔、不惜赔。

合理：要求保险理赔员在赔偿工作中，本着实事求是的精神，坚持按合同条款办案，并做到具体案情具体分析，必要时还要结合实际情况灵活处理。

（三）授权经营

保险公司的理赔业务实行授权经营，各级公司在上级公司授予的权限内开展理赔业务，超过权限范围的赔案应按规定上报、审批，不得越权。

（四）严肃纪律

理赔公司中应严格执行各项工作纪律和制度，做到公正廉洁，不弄虚作假，不徇私舞弊，严禁制作假赔案，严禁在赔款中列支规定以外的其他费用。

（五）实事求是

保险赔案形形色色，案发原因错综复杂，对于一些原因复杂的赔案，除了按照合同条款规定处理赔案外，还必须遵循实事求是的原则。

保险营销实训教程

三、保险理赔的流程与作业规范

（一）财产保险理赔流程

理赔是财产保险公司业务经营的核心环节之一，对理赔流程的熟练掌握和操作对公司整体赔付情况的改善和盈利的提高非常关键，其理赔操作流程如图 21.1 所示：

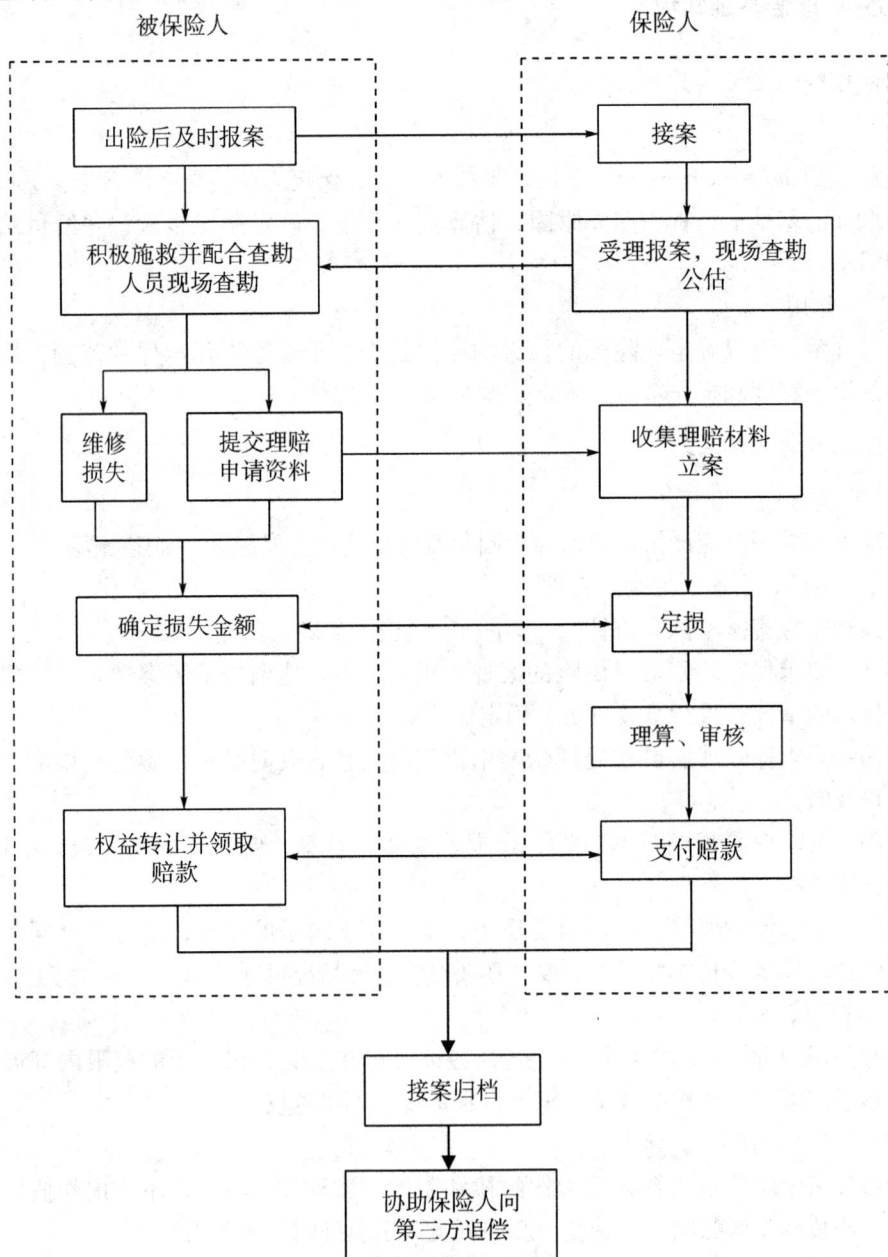

图 21.1 财产保险理赔流程图

1. 案件受理

（1）受理客户报案。保险标的出险后，接案时应详细询问被保险人名称、保单号

214

码、出险日期、出险地点、损失估计等并记录。同时，请被保险人尽快填报出险通知。若报损金额或估损金额超过本级机构理赔权限的赔案，必须在接案之后规定时间内上报上级机构理赔管理部；若遇到涉及分保的超权限赔案，须同时上报上级机构或者再保险部。

（2）查抄底单。理赔中心根据报案情况，查阅电脑资料（保单、批单），审核报核赔人员核查保单是否在保险期限内、受损设备或财产是否在承保范围内，初步审核事故是否属于保险责任。对于属于保险责任的，应立即立案处理。

（3）立案。初步确定属于保险责任后，理赔内勤应及时编号立案，建立专卷或案袋，并开始收集该案的各项记录、单证、报告等资料，汇归卷内。

2. 现场查勘

现场查勘是理赔工作中及时掌握第一手材料、核定损失的重要步骤。接到客户报案后，应立即派人现场查勘，查勘中应坚持双人查勘（车险等除外），持证上岗。

（1）查勘前的准备。查勘前应根据承保情况和出险通知，及时了解保险标的的有关情况；查勘时应携带必要的查勘工具或用具，并及时与公司联系；对于估损金额超过本级机构核赔权限的赔案，应通知上级机构派员协助查勘。

（2）查勘的内容。查勘的主要内容包括：

①事故发生的详细过程。

②出险的时间、地点、原因。了解事故是否发生在保险有效期间内，是否属于保险责任，是否存在第三者责任，并做好查勘记录。

③查勘人员应严格按照合同条款规定，记录现场损失情况，车辆、设备、物品或财产的受损情况；记录受损程度，如受损面积、数量、深度、高度等。现场拍照要显示出出险地点的概貌、标的受损的具体情况，并附上简要的文字说明。

④受损财产的现场清点。现场清点时应对受损的项目、受损程度、受损数量逐项登记，既要清点受损物资的数量，又要清点未受损物资的数量，以便确定不足额投保比例。现场清点时要求与被保险人共同清点，清点后双方签字。

⑤施救。理赔员达到现场后，如果事故尚未得到控制，应督促并协助被保险人及时施救，减少保险财产的损失，施救费用应分明细列明，并提供相关的证明资料。

⑥损失金额估计。清点标的受损情况后，应对受损项目进行估损。

⑦事故证明。核赔员应督促、协助被保险人尽快提供有关部门出具的出险证明、事故证明及有关单证。

⑧聘请专家或公估人。对专业技术性强，损失原因或程度不易判定的案例，应及时聘请权威部门、专家或公估人进行鉴定，尽可能取得具有权威性、有法律效力的证明材料。

⑨填写现场查勘报告。

3. 确定保险责任

根据查勘情况、事故证明及有关材料，对照保单条款，核实受损标的及所在地点是否在保单明细中载明；出险日期是否在保险期间内；进而确认受损标的是否在保险单项目承保。如属于第三者责任的，根据被保险人要求可先行赔付，同时由被保险人填写权益转让书，将追偿权转给保险人。

4. 损失核定和残值处理

（1）准确核定标的损失。核对投保项目的保险金额和被保险人账册，准确掌握受损标的实际价值，与被保险人谈判，确定损失程度和金额。

（2）施救费用审核。施救费用必须是保险事故发生后或发生时为抢救保险财产所支出的费用，施救费用必须以直接、必要、合理为原则。

（3）残值处理。定损后损余物资的处理应坚持物尽所用的原则，对受损财产的残余部分实事求是、合情合理地作价折归被保险人，并从赔款中扣除。

5. 理赔计算

保险公司按照保单条款的规定，损失金额以及必要的、合理的施救、保护和整理费用，免赔额，责任划分，赔偿处理方式计算赔款，并缮制赔款计算书。

6. 拒赔、通融赔付、预付赔款

（1）拒赔。拒赔，即保险人拒绝赔付，拒赔的主要原因如下：

①未及时缴纳保费；

②未履行如实告知义务；

③事故并非保险事故；

④事故属于除外责任；

⑤保险合同无效；

⑥提供索赔单证不全并不能在规定期限内补充提供的；

⑦超过索赔时效；

⑧有证据显示被保险人存在欺诈行为。

（2）通融赔付。根据保险合同的约定，保险公司本不应承担赔付责任，但出于维护与重要客户的良好关系、扩大声誉等的考虑，仍赔付或部分赔付保险金的行为就是通融赔付。

（3）预付赔款。对于重要客户，保险公司在保险责任明确，对损失金额不能确定的可以先以确定的最低金额报具有权限的保险机构批准后预付赔款。

7. 赔付结案归档

赔付结案应将相关案卷归档。

（二）人身保险理赔流程

理赔亦是寿险公司经营的重要环节之一，是人身保险履行其职能的具体体现。理赔流程操作如图 21.2 所示。

1. 客户报案

报案人可以是被保险人，也可以是其他知情人。根据《中华人民共和国保险法》的规定，投保人、被保险人或受益人知道保险事故后，应当及时通知保险人。

2. 报案登记。客户可通过电话、传真、短信等多种方式进行报案。保险公司接受客户的口头或书面报案并进行出险时间、地点、本次事故索赔性质等相关信息的登记。

（1）报案登录

确认出险人身份后，核赔员将报案事项、投保情况及事故者身份等报案信息及时

中心支公司	分公司	总公司

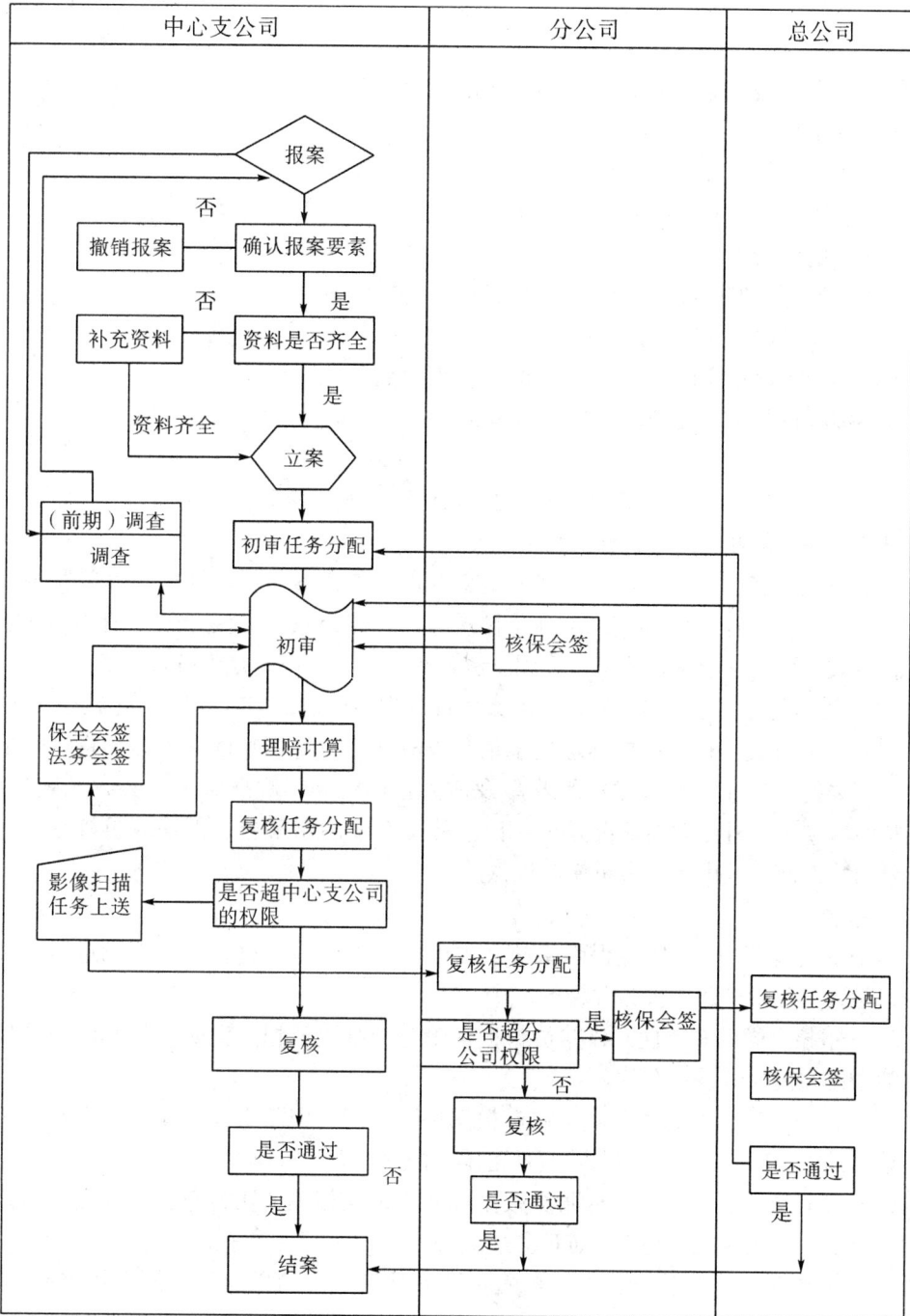

图 21.2　人身保险理赔流程图

登录到理赔业务系统中去，并对出险人在公司持有的保单状态进行查询，根据查询结果进行处理。

（2）报案呈报。接到报案之后，要对照公司规定逐级上报。某公司的重大案件上报规定如下：凡接到重大案件报案的，填写"重大案件报备表"注明案件情况、特点及拟采取的处理方法，1个工作日内向上级公司相关部门报案。以下理赔案件可视为重大案件：

①一次事故赔付金额在20万元及以上的；

②一次事故死伤5人及以上的；

③发生灾情及社会影响巨大的。

（3）报案撤销。可做撤销报案的案件如下：

①发生的事故不属于保险责任的；

②报案案件未发生或发生后果未达保险责任条件的；

③客户主动申请撤销报案的；

④不能提供保单原件，保险公司也没有其投保资料的；

⑤不能提供与保险责任认定有关的单证。

3. 立案

立案是指保险公司对报案的资料，按照理赔规则审核后，认为有保险事故发生，决定对其进一步审核、调查，并赔付的活动。

（1）立案审核。接案员收到申请人提交的理赔申请书、理赔材料签收单及相关证明材料后，复核所有报案信息，查询既往承保、理赔记录，审核理赔申请书、理赔申请材料签收单填写是否符合要求，证明材料是否齐全，申请人是否符合资格。

（2）立案登记。经立案审核符合立案条件的理赔申请，接案人员可做立案登记。

（3）案卷移交。核赔员根据理赔申请及事故证明材料，确认立案后，将理赔申请书、授权委托书、理赔申请材料签收单及所附证明材料，顺序叠放，装入档案袋内，送交核赔人初审，进行案卷移出登记，记录移交案卷的赔案号、理算人员姓名、代码及案卷移交时间，并由初审人员签名确认。

4. 审核

理赔审核是指核赔人审定保险事故及保险责任的行为与过程，是正确进行理算的基础，是人身保险理赔中极为关键的一个环节。

（1）审核合同的有效性。核赔员根据保单查询系统及相关证明材料判断申请理赔的保险合同在出险时是否有效。

（2）审核出险事故的性质。核赔员根据保险合同、理赔申请及相关证明材料，判断申请理赔的出险事故是否为保险责任范围内的事故。

（3）审核事故证明材料。核赔员根据理赔申请及相关证明材料，判断出险事故的类型，检查申请人所提供的事故证明是否完整、有效。

（4）审核案件是否需要调查。核赔员调阅被保险人的投保资料，根据报案情况，查看被保险人投保时的健康及财务告知、体检报告等事项，分析是否可能存在道德风险及责任免除情况，以此确定是否需要进行调查及调查的重点。

（5）理赔结论。根据理赔政策作出正常给付、通融给付、解约给付、不给付等决定。

5. 理赔调查

调查员根据理赔调查申请书提示的调查要点，采取适当的形式与方法，对案件查勘取证。如需异地机构代理查勘的理赔案件，调查人员应缮制理赔调查委托书，委托相关分支机构代为查勘取证。调查取证后调查员应及时撰写调查报告书，在调查报告书中撰写查证途径，其内容必须真实、完整、不加主观臆断，并附有关证明材料呈交核赔员。

6. 理赔计算

（1）意外伤害导致的身故或残疾的理赔案件。

①核实被保险人在出险后 180 天有无残疾给付，本次死亡同残疾是否属于同一事故所致，如果是，要扣减已经支付的残疾保险金。

②同一保单年度内有无残疾给付，如有，保险金额应做减额处理。

（2）重大疾病的理赔案件。核实保单是否申请了重大疾病保险金的提前给付，如果是，则在给定给付的时候，保险金应做减额处理。

（3）医疗保险的理赔案件。

①如果医疗费用险在保险公司全额赔付，须收取医疗原始收据。

②如果医疗费用险在保险公司部分赔付，则医疗费收据原则上应按条款要求提供原始收据。经保险公司赔付后，如申请人索要原始收据，则由保险公司提供原始发票复印件及分割单。

③若有特殊情况不能提供原件而只能提供复印件的，提供的复印件上需加盖支付单位的公章并出具收取票据原件单位注明已赔付金额的分割单。

④医疗补贴险赔付时，可审核医疗费原件后留存复印件，并注明"复印于原件"等字样和复印人签名。

7. 结案归档

助理核赔员收到核赔人移交的理赔案卷后，应进行案卷移入登记，记录赔案号、结案号、结案人姓名、代码及移入时间。理赔案件结束后，助理核赔员对案卷中的材料与明细表内容核对后签收，按顺序将案卷进行装订后归档。

第二部分　实验设计

一、实验基本情况

（一）实验目的

通过实验教学，使学生了解保险理赔的基本流程和要求，包括客户报案、立案、理赔审核、理赔调查、理算及接案归档等。本实验要求学生对理赔的流程初步掌握，并能根据给定的材料进行保险理赔的流程操作，处理相关单证，并结案归档。

（二）环境用具

电脑、网络连接、理赔单证、理赔手册。

（三）实验学时

2 学时。

（四）实验形式

分组讨论、单证处理。

（五）实验重点

了解理赔的基本流程与要求。

二、实验内容与教学组织

（一）了解保险公司理赔

（1）安排学生上网查阅保险公司理赔的案例，包括理赔和拒赔的案例。

（2）对所查阅的案例进行记录，指出其是否符合理赔流程和要求。

（二）根据给定材料，模拟理赔

（1）仔细阅读附件中的材料，包括各种表格，为模拟实验做准备。

（2）将小组成员分工，进行角色扮演，并记录模拟过程。

（三）了解理赔系统和理赔政策（课后完成）

（1）有实验软件的条件下，安排学生了解理赔系统。

（2）掌握理赔手册等资料并保密的条件下，组织学生了解理赔政策，并对模拟阶段过程重新对照理赔政策进行审核。

【注意事项】

（1）查阅理赔案例时，要侧重有理赔过程介绍的案例，方便后续分析。

（2）了解理赔系统和理赔政策可能涉及保密问题，当具备条件是才进行。

【思考题】

（1）财产保险理赔的流程主要有哪些？

（2）人身保险理赔的流程主要有哪些？

（3）在哪些情况下会拒赔？

【参考文献】

[1] 张洪涛，王国良. 保险核保与理赔 [M]. 北京：中国人民大学出版社，2010.

[2] 周灿，常伟. 保险营销实务技能训练 [M]. 北京：电子工业出版社，2011.

第三部分　实验报告

一、实验报告总表

实验报告总表表 21.1 所示：

表 21.1　　　　　　　　　　　　　　实验报告总表

实验编号及实验名称	实验 21　理赔基础			
分组编号		组长姓名		组长学号	
实验地点		实验日期		实验时数	2 学时

表21.1(续)

指导教师		同组其他成员		评定成绩

	实验内容	教学形式	时间控制	注意事项
实验内容及步骤	了解保险公司理赔	分组讨论	20分钟	上网查阅保险公司理赔案例，其中理赔和拒赔案例各1个，并将案例做必要记录
	案例理赔合理性分析	分组讨论	20分钟	对上网查找到的案例进行理赔合理性分析，指出其是否符合理赔流程和要求
	根据材料模拟理赔	分组讨论单证处理	40分钟	仔细阅读材料，熟悉表格，按照理赔流程和要求模拟理赔过程，要安排观察员点评本小组理赔处理的合理性
	了解理赔系统和理赔政策	分组讨论	课外完成	具备软件等条件时完成
实验总结				
教师评语				

二、实验操作与记录

（一）了解保险公司理赔

（1）本小组查阅的资料如下：

（理赔案例）网站名称：＿＿＿＿＿＿＿＿＿＿＿＿＿＿

网址：＿＿＿＿＿＿＿＿＿＿＿＿＿＿＿＿＿＿

案例名称：＿＿＿＿＿＿＿＿＿＿＿＿＿＿＿

案例链接：＿＿＿＿＿＿＿＿＿＿＿＿＿＿＿

（拒赔案例）网站名称：＿＿＿＿＿＿＿＿＿＿＿＿＿

网址：＿＿＿＿＿＿＿＿＿＿＿＿＿＿＿＿＿＿

案例名称：_____

案例链接：_____

（案例）网站名称：_____

网址：_____

案例名称：_____

案例链接：_____

（2）对所查阅的案例进行记录，指出其是否符合理赔流程和要求。

（二）根据给定材料，模拟理赔

（1）本小组角色分工如下：

组员：_____；扮演角色：_____

组员：_____；扮演角色：_____

组员：_____；扮演角色：_____

组员：_____；扮演角色：_____

组员：_____；扮演角色：_____

组员：_____；扮演角色：_____

组员：_____；扮演角色：_____

组员：_____；扮演角色：_____

（2）角色扮演过程记录。

"理赔员"处理过程描述如下（可用图或表辅助描述）：

"观察员"观察到的信息如下（逐步记录，并评价是否合理）：

_____

_____

_____

_____

_____

_____

_____

_____

_____

_____

_____

（三）了解理赔系统和理赔政策（课后完成）

（1）本小组使用的理赔系统名称是：_____

主要功能描述如下：

_____

_____

_____

_____

_____

_____

（2）本小组查阅的理赔手册是哪家保险公司的：_____

请按照实验设计（二）重新扮演角色，并做好记录。

【实验 21 附件】

材料一：理赔案例介绍

2007 年 3 月 10 日，李毅以本人为被保险人向生命人寿投保了生命至惠定期寿险，保险金额为 30 万元，合同生效日为 3 月 11 日，合同编号为 SMRS200703110788，保费采用年缴方式，缴费期间为 20 年，保障期间至被保险人年满 70 周岁的保单周日止，年缴保费为 1 740 元，应缴保费对应日为每年的 3 月 10 日。

2011 年的 3 月 10 日，李毅因更换工作经济紧张未能按时缴纳保费。2011 年 8 月 1 日，李毅准备缴纳续期保费时发现已过宽限期，其保单已经失效，在代理人郑爽的建议下，李毅来到生命人寿广东分公司申请保单复效，按公司要求填写了复效申请书并缴纳了续期保险费及利息。李毅在复效申请的健康声明书中对各项健康告知项的询问均告知"无"，保险公司决定从8月1日开始恢复其合同效力。

2011年10月20日，李毅的家属林芳到保险公司报案称，李毅于2011年9月18日晚上在家突然腹痛难忍，送到广州市第三人民医院内科，检查后确认为肝癌晚期，虽已积极抢救，但无奈肝癌已至晚期，李毅终因不治而于10月19日去世。林芳以被保险人身故受益人的身份来向保险公司提出30万元保险金的理赔，并提供了相关证明材料10份，保险金的领取选择银行转账方式，开户行为中国农业银行华景分行，户名为林芳，账号为4038236710567888。

其他相关资料如下：

李毅：男，1977年出生，身份证号码为440582197702212311，身份证有效期至2015年5月1日，工作单位为广州市水利水电研究所，职务为研究员，单位地址为广州市天河区天寿路256号，邮编510645，联系电话18945672345，家住广州市天河区华景新城E栋809室，邮编530650。李毅是在一次朋友聚会中认识其代理人郑爽，并在郑爽的推荐下购买了定期寿险，郑爽工号为SM8956341，联系电话13456782345。

林芳：女，李毅的妻子，是保单唯一的受益人，1980年出生，身份证号码为440582198001030000，身份证有效期至2018年1月1日，工作单位为广州市水利水电研究所，职务为研究助理，联系电话18934231456。

保险公司接案后，立即立案处理，报案号码为201111020070031，立案号码为201110220078。请根据以上资料内容，模拟保险公司理赔案件的处理流程，处理实验中涉及的单证，并缮制完整的卷宗。

材料二：实验单证

报案登记表

项目	内容		
报案人姓名			
报案人身份	□被保险人　□受益人　□投保人　□其他：		
报案时间	年　月　日		
联系方式	电话：　　　　　手机：　　　　　电子邮箱：		
事故发生时间	年　月　日		
事故发生地点			
被保险人基本信息	姓　名		
	身份证号码		
	保单号码		

表（续）

事故简单过程	
本人认可上述登记事项准确无误。 <div align="right">报案人：</div>	
接案人	姓名：　　　　　　　　　　　　　　　　　　　工号：

接案登录表

一、客户信息确认	
1. 客户是否为本公司被保险人	□是　□否
2. 客户保单是否有效	□是　□否
3. 事故是否属于保险合同保障范围	□是　□否

二、出险信息录入			
被保险人身份证号码			
保单号码			
出险人姓名		性别	
业务员工号		业务员姓名	
出险地点		出险时间	
出险经过、结果			
申请人身份证号		申请人姓名	
联系地址			
联系电话		邮政编码	
申请人与 被保险人关系		受益人与 被保险人关系	
报案日期		是否属重大案件	□是　□否
接案人	姓名：　　　　　　　工号：		

人身保险理赔申请书（正面）

保单信息	保险单号		业务员		业务员电话		
被保险人信息	姓名		性别		年龄		岁
	证件类型		证件有效期至	年　月　日	证件号码		
	国籍		职业		联系方式		
	工作单位/就读学校/住所/经常居住地						
申请人信息	姓名		性别		年龄		岁
	证件类型		证件有效期至	年　月　日	证件号码		
	国籍		职业		联系方式		
	工作单位/就读学校/住所/经常居住地						
	邮编		地址				
	申请人身份	□被保险人　□指定受益人　□被保险人的继承人　□监护人　□其他:_____					
	转账信息	开户行		户名		账号	
索赔信息	索赔类别	□健康医疗　　□身故　　　　□残疾　　　□重大疾病 □免交保费　　□年金　　　　□旅游救援　□其他					
	您是否在社保、农合或其他保险公司投保?	□是 □否	是否有索赔经历?	□是 □否	是否需要其他途径报销?	□是 □否	
	您是否报案?		报案人		报案时间		报案方式	
出险概况	出险原因	□意外　□疾病	出险/住院时间				
	疾病发生过程/意外事故经过						
	治疗医院			就诊科室			
	伤情及目前情况						
补充说明							

理赔委托授权声明（反面）

现申请人_____委托_____先生/女士前往贵公司办理有关保单申请项下事宜。本委托有效期为_____天。（委托日期同本申请书的申请日期。）

代办人身份信息	姓名		性别		年龄	岁
	证件类型		证件有效期至	年 月 日	证件号码	
	国籍		职业		联系方式	
	工作单位/就读学校/住所/经常居住地					
	与委托人关系	□营销员 □收费员 □亲戚 □朋友 □其他：_____				

委托人签名：_____   代办人签名：_____

其他声明与授权

1. 本人声明以上陈述均为事实，并无虚假及重大遗漏。
2. 本人授权任何医疗机构、保险公司或其他机构，以及一切熟悉被保险人身体健康状况之人士，均可以将被保险人身体健康状况之资料向泰康人寿保险股份有限公司如实提供。本授权之影印件亦属有效。
3. 转账授权声明：本人同意将理赔金转入"理赔申请书"所提供的银行账户中。本人声明上述银行账户确为申请人本人的账户，开户行名称、户名和账号均真实有效，本人同意承担因银行账户提供错误而导致转账失败而产生的法律、经济责任。
4. 根据保险监管部门规定，以现金方式给付的保险金不得由保险代理机构、保险代理业务人员和保险营销员代领，上述事宜本人已知晓。

（若团体客户）投保单位签章：
申请人：
日　期：

理赔须知

尊敬的客户：

您好！

感谢您对我公司的支持。为了充分保证您的权益，提高理赔时效，请您在申请理赔时，按以下说明进行办理：

1. 当被保险人发生合同约定的保险事故时，请您于十日内通知我公司，我们将为您提供理赔指引服务。

2. 请被保险人按照保险合同约定，在指定的定点医院接受检查治疗，并使用当地社保医疗范围内的检查治疗项目或药品。

3. 在检查治疗及事故处理过程中，请您及时收集和妥善保存好保险合同中约定的理赔申请所需证明文件和资料；当治疗结束或事故处理完毕后，请您填写好理赔申请书并签名，与理赔申请所需资料一并提交。

附：申请理赔应备文件表

申请项目	应备文件
疾病住院医疗	1、2、3、4、5、12
疾病门诊医疗	1、2、3、6、12
意外伤害医疗	1、2、3、4、5、6、9、12
重大疾病	1、2、3、4、7、12
意外身故	1、2、9、10、11、12
疾病身故	1、2、10、11、12
意外残疾	1、2、3、8、9、12
疾病残疾	1、2、3、8、12
免交保费	1、2、3、8、12
年金领取	1、2、3、12
失能收入损失保险	1、2、3、4、8、12
长期护理保险	1、2、3、4、12
第三方管理医疗	1、2、3、5、6、12、13
境外意外及救援	1、2、12、14

1. 理赔申请书
2. 保险单
3. 被保险人身份证明
4. 诊断证明/出院小结
5. 住院费用原始发票及费用明细清单（津贴给付型医疗险无需此项）
6. 门/急诊病历/手册、门诊发票及费用清单或处方
7. 病理及其他各项检查报告
8. 伤残鉴定书
9. 意外事故证明（若是交通事故须提供交通管理部门出具的交通事故责任认定书；若是工伤事故须提供相关单位的工伤证明等）
10. 死亡证明书、户籍注销证明
11. 用以确定申请人身份的相关证明（见注解）
12. 受益人（监护人）银行账户复印件
13. 公共账户使用授权书
14. 被保险人护照、境外急性病或意外相关证明资料、境外身故使领馆证明

注：当申请人为被保险人、指定受益人本人时，须提供申请人本人身份证明；当申请人为被保险人的继承人时，需提供该申请人具有合法继承权的相关证明；当申请人为无民事行为能力或限制民事行为能力人时，需提供该申请人为无民事行为能力人或限制民事行为能力人的证明；当申请人委托代理人代为办理时，应提供合法的委托代理手续；当监护人代理被监护人办理时，监护人需提供具有合法监护权的证明，由监护人在申请人处签字，并注明与申请人关系。

理赔申请材料签收单

报案号：

被保险人姓名		性别		身份证号码	
申请人（受托人）姓名		与被保险人关系		身份证号码	

已收到以下凭证

单证名称	原件	复印件	单证名称	原件	复印件	单证名称	原件	复印件
人身保险理赔申请书			委托授权书			医疗诊断证明		
保险单正本和保险凭证			申领证明			医疗检查报告		
最后一次缴费凭证			意外事故证明			门诊病历		
被保险人身份证明			死亡证明			手续证明		
被保险人户口簿			殡葬证或火化证明			出院小结		
申请人身份证明			户口注销证明			医疗费用原始单据		
申请人户口簿			宣告死亡证明书			医疗费用结算清单		
受益人身份证明			残疾鉴定书			交通事故责任认定书		
继承人身份证明			公证书			驾驶证		
单位证明			调解书			行驶证		
授权转账存折复印件			判决书或仲裁书					

本案因保险事故性质、原因、伤害程度等在本公司收到上述理赔申请材料后 5 日内无法核定，需要进一步核实。

申请人（受托人）签名： 年　月　日	受理人签名： 年　月　日
说明	本签收单仅作为本公司收取申请人理赔申请材料的交接凭证，并不代表本公司已做出任何赔付承诺。 　　本公司可以根据保险合同的约定，要求申请人补充提供有关材料。 　　申请人请妥善保管此单证，凭此单证办理退还保险单正本或其他有关单证事宜。 　　本签收单一式两份，本公司于申请人（受托人）各执一份。 　　本签收单涂改无效。 　　　　　　　　　　　　　　　　　　　　　　年　月　日

立案登记表

报案号：

被保险人姓名：		被保险人性别：	
被保险人身份证号：			
出险地点：		出险时间：	
出险经过、结果			
申请人身份证号：			

申请人姓名：		联系电话：		邮政编码：	
联系地址：					
与被保险人关系：			报案时间：		

证明材料份数：　（　）份

理赔原因：　□1. 死亡　　□2. 残疾　　□3. 医疗　　□4. 重疾

拥有保单情况

保单号码	险种名称	责任描述	保费缴至日期	保单状态	处理否
					□
					□
					□
					□
					□

立案时间：　　年　月　日

理赔调查报告

立案号：

被保险人姓名		性别	
身份证号		出险日期	
出险地点			
出险经过、结果			
调查情况			
责任类型	□健康医疗　□身故　□残疾　□重大疾病　□其他　□重大疾病		
调查经过			
调查意见			
经调查后确认的出险日期			
调查人工号		调查人姓名	

理赔审核表

立案号：

被保险人姓名		性别	
身份证号		出险日期	
出险地点			
出险经过、结果			
责任类型	□健康医疗　□身故　□残疾　□重大疾病　□其他		
理赔结论	□正常给付　□拒绝给付　□通融给付 □解约退费　□解约不退费　□撤案		
出具结论理由			
审核人		工号	

理赔计算表

立案号：

被保险人姓名		性别	
身份证号		出险日期	
出险地点			
出险经过、结果			

保单号	责任类型	险种名称	目前保额（元）	给付率	给付金额（元）

目前保额合计（元）		给付金额合计（元）	
扣欠缴保费（元）		应退预收保费（元）	
相关立案赔付总额（元）		扣保单贷款（元）	
查勘费用（元）		核赔费用（元）	
保单红利（元）		生存金/关爱金（元）	
赔付金额合计		元	

理赔复核表

立案号：

被保险人姓名		性别	
身份证号		出险日期	
申请人姓名		性别	
身份证号码		申请日期	
理赔结论	□正常给付　　□拒绝给付　　□通融给付 □解约退费　　□解约不退费　　□撤案		
理赔给付金额	元	支付方式	□现金　□支票　□银行转账
审核人		工号	

理赔领款通知书

尊敬的_____先生/女士：

您好！您提交的被保险人_____，保单号_____项下的保险理赔申请，经审核，已获得批准，我公司将根据保险合同的约定支付下列保险金：

单位：（元人民币）

保单号	给付项目	给付金额	备注

合计：_____元。

请您于_____年_____月_____日之前携带您的身份证及本通知书（本通知书由我公司保存）前来我司办理领款手续。

领款金额（大写）：_____元人民币。

支付方式：□现金　□支票　□银行转账

户名：_____　开户行：_____

银行账号：_____

如您有任何不详之处，敬请致电95500垂询。

顺致

最良好的祝愿！

_____
_____年___月___日

收款收据
年　月　日

今收到_____

今收到_____

交来：_____

金额（大写）　佰　拾　万　仟　佰　拾　元　角　分_____

￥_____　□现金　□支票　□信用卡　□其他

收款单位（盖章）

核准　　　会计　　　记账　　　出纳　　　经手人

第二联　财务联